グループ活動入門

グループ活動の理論と実際
あなたにもできるグループづくり

柳　義子　増田一世　谷中輝雄　著

目　次

序　　　　　　　　　　　　　　　　　　谷中　輝雄 … 7

第1部　グループ活動の成長過程　　　　　柳　義子 … 12
　　　　実践とその理論
第1章　病院におけるデイケア活動の変遷 …………………… 13
　　　　－実践とその理論－
　1．グループ活動実践編 ……………………………………… 14
　　1）編み物教室から芽生えた仲間意識 …………………… 14
　　2）精神科デイケア活動の変遷 …………………………… 15
　2．グループ活動理論編 ……………………………………… 19
　　　－精神科デイケア活動からみたグループ成長過程の分析－
　　1）仲間意識の芽生えの段階 ……………………………… 19
　　2）グループの準備期 ……………………………………… 19
　　3）グループの開始期 ……………………………………… 20
　　4）グループの発展期 ……………………………………… 21
　　5）グループの成熟期 ……………………………………… 22
　　6）グループの終結期 ……………………………………… 23
第2章　やどかりの里におけるグループ活動の変遷 ………… 24
　　　　グループ活動の誕生から終結まで
　1．準備期と開始期 …………………………………………… 25
　　　－居場所を築く時期－
　　1）グループ誕生まで（準備期） ………………………… 25
　　2）グループ誕生（開始期） ……………………………… 30
　2．発展期 ……………………………………………………… 41

－相互に信頼関係を築く時期－
　　1）尾瀬山行をめぐるグループの盛り上がり ……………… 42
　　2）ミーティングを通しての関係性の深まり ……………… 44
　　3）スタッフ・メンバー増加による危機と混乱，そして … 46
　　　その対応
　3．成熟期 …………………………………………………… 55
　　　－グループ活動自主運営への過程－
　4．終結期 …………………………………………………… 72
　　　－グループ活動の枠を超えて－
　第3章　グループ活動終了後の活動 ……………………… 79
　　　雑誌「爽風」編集部設立の経過

第2部　爽風会活動と私　　　　　　　　増田　一世 … 85
　　　グループワーカーとしての活動の記録
1．私にとっての爽風会 ……………………………………… 86
　　1）私とやどかりの里の出会い …………………………… 86
　　2）模倣から始まったグループ活動 ……………………… 87
　　3）「生きている仲間」と私 ……………………………… 88
2．爽風会の第Ⅱ期におけるグループ展開 ………………… 90
　　1）過渡期，転換期 ………………………………………… 90
　　2）個々人の問題がグループで問題となりグループの基 … 98
　　　礎づくりへ＜開始期＞
3．内的な危機を乗り越えて ………………………………… 114
　　1）確かめの作業を積み重ねて＜発展期＞ ……………… 114
　　2）グループの危機にさらされて ………………………… 117
　　3）活動の充実をめざして ………………………………… 122
　　4）フレッシュマンT氏をめぐって ……………………… 123
　　5）ふたたびF子さんをめぐって ………………………… 126
　　6）夏季キャンプを主催して ……………………………… 126

7）バザーへの取り組み …………………………… 127
4．活動の充実の中で＜成熟期＞ ……………………… 132
　　1）メンバーとワーカーの関わり ………………… 132
　　2）個別の問題をグループで ……………………… 133
　　3）新年度を迎えて ………………………………… 138
　　4）運営委員会の充実 ……………………………… 139
　　5）フリーミーティングについて ………………… 140
　　6）グループのけじめをめぐって ………………… 143
　　7）バザーへの取り組み …………………………… 145
5．自立への道＜終結期＞ ……………………………… 147
　　1）文集「出発(たびだち)」の発行 ……………………………… 147
6．私の中に生き続ける「爽風会」の経験 …………… 148

第3部　グループ活動の展開と発展　　谷中　輝雄 … 152
1．グループ活動の分析 ………………………………… 153
　　1）グループ成長の期間 …………………………… 153
　　2）振り返りの作業 ………………………………… 154
2．グループ活動の体験から …………………………… 157
　　1）体験を共有する ………………………………… 157
　　2）自分を語ること ………………………………… 158
　　3）危機を乗り越えた体験 ………………………… 159
　　4）体験を通して …………………………………… 160
3．仲間づくりのための基本的な枠組み ……………… 161
　　1）基本的枠組みその1　グループの基本的性格 ………… 161
　　2）基本的枠組みその2　グループワーカーの立場性と役割 … 162
　　3）基本的枠組みその3　グループ発達段階とその段階 … 163
　　　　ごとのグループワーカーの働き
4．グループ展開とグループワーカーの役割 ………… 166
　　1）過渡期・転換期 ………………………………… 167

2）開始期 ………………………………… 168
　　3）発展期 ………………………………… 168
　　4）成熟期 ………………………………… 169
　　5）終結期 ………………………………… 169

第4部　グループワークの原則　　　　谷中　輝雄 … 171
1．グループ活動事始め ……………………………… 172
2．精神病院におけるグループ活動 ………………… 173
　　1）院外作業参加者のグループ開始 ……………… 173
　　2）デイケアにおけるグループ活動 ……………… 179
　　3）治療共同体の試み ……………………………… 182
3．やどかりの里におけるグループ活動の概要 …… 187
　　1）病院内デイケア廃止から始まる ……………… 188
　　2）地域の中での活動は気楽に来ることができる ………… 189
　　3）心配よりも実現できる手立てを考える ……… 191
　　4）仲間づくりが中心課題 ………………………… 193
　　5）地域住民との交流 ……………………………… 196
4．メンバーにとって仲間の持つ意味 ……………… 199
　　1）仲間ができにくい理由 ………………………… 199
　　2）仲間の効用10か条 ……………………………… 201
5．グループ活動の原則 ……………………………… 207
　　1）グループの性質 ………………………………… 207
　　2）各段階におけるグループ担当者の役割と基本的姿勢 … 212
6．グループ体験の持つ意味 ………………………… 218

終　　　　　　　　　　　　　　　　　増田　一世 … 220

　　　　　　　　　　　　　　　　表紙デザイン　宗野政美

序

谷中　輝雄

今，なぜグループ活動なのか．やどかりの里の活動30年間の集大成は生活支援であった．30年経った今，なぜやどかりの里の初期の「仲間づくり」をここに持ち出したか，まずそのことについて記していきたい．

生活を支えることの意識の変革

やどかりの里では30年間生活支援の活動を展開し，さまざまな方法をくり出し，理念を形成していった．（この過程は「生活支援 精神障害者生活支援の理念と方法」「生活支援Ⅱ 生活支援活動を創り上げていく過程」という2冊の本にまとめてあるので，ご参照ください）これらの展開を通して，私自身がいちばん大きな変化として捉えていたことは職員の変化であった．これは私の意識変革といったほうが正確かもしれない．

私にとっての援助技術は伝統的なケースワーク，グループワーク，コミュニティ-オーガニゼーションを基本にし，さらにカウンセリングの技術を中心としたものであった．やどかりの里の10年間は，基本的にはこれらケースワークやグループワークを土台にしたグループの活動によって実践が組み立てられ，「ごくあたりまえの生活」を目標として，実践から理論構築へ，さらにはその普遍化を目指す努力の過程であったと言えるのである．

この間，私はスタッフや研修生とともに実に多くのことを学んできたのである．

研修生の研修の場としてのグループ

やどかりの里に研修生が来ると，まず茶の間でともに過ごしてもらった．茶を飲みながら普通の会話を交わし，共通の時間を過ごし

てもらったのである．これは援助者としての意識や意欲を持ってやどかりの里に来た人には苦痛の時間だったようである．

次いで，グループ活動へ参加する．これはもっぱらグループ活動の記録係であった．参与観察と言えば聞こえはいいが，まるで速記者のような作業であった．しかし，これによって「記録のない実践は実践ではでない」というやどかりの里の実践理念が形づくられていったのである．

人によってはグループの担当を経て個別担当者になっていった．ケースワークやカウンセリングの技術を学んでいくわけである．

茶の間の過ごし方であれ，グループ活動でのつき合い方であれ，最終的にはよりよい援助者への過程であったわけである．多くの人はこれらの経験からメンバーとのつき合い方を学び，頼られるスタッフとして成長していった．しかし，この間多くの教えを与えてくれたのは，その時々につき合ったメンバーであった．

支援者からパートナーへの発想の転換

さて，社会復帰施設が開設した1990（平成2）年ごろから，やどかりの里は生活支援活動を具体的に展開するようになった．グループ「爽風会」を終焉にして生活支援へと移行したのである．移行には数年かかった．メンバーの中にはグループ活動にこだわる人もおり，スタッフの中にも1度グループ活動を終焉にする意味が飲み込めない人がおり，仕方なくグループ活動を数年続けざるを得なかった．

グループ活動を1度終了したのには理由があった．それまでやどかりの里で定着していた，メンバーがグループの活動を経てセルフヘルプグループ（朋友の会）へ行くという段階を廃止しようとしたのである．さらには，従来から続いていた，グループ担当者（スタッ

フ）が中心になってメンバーをトレーニングする，ということを止めることにもなったのである．

　生活支援ではメンバー1人1人の願いや夢の実現へのパートナーとしてスタッフが関わろうとしていた．そのような時にこのグループの活動は旧来の訓練指導の態勢を残していたので，やどかりの里全体の中でそぐわなくなっていたのである．ところが，このような変化期をじょうずに説明ができなかったために，メンバーにもスタッフにも混乱が起こったのである．しかし，このことは，スタッフとメンバーとの間の関係に変化が起きつつあったことを示している．これはスタッフがメンバーに対して，援助者として，指導者として振舞うのではなく，メンバーの要請を受けて，必要なものを手に入れるための支援者として，パートナーとして関わることへの変化でもあったのである．

ともに歩むから協同の時代を目指して

　こうして生活支援活動が始まった．当初スタッフは日常生活支援が中心であった．買い物を手伝うなどホームヘルパーとしての役割から，病院への受診に同行するなど，まさに同行者としてのつき合いから始まったのである．この間の事情は拙著「生活支援」に述べているのでここでは触れないが，スタッフ中心，スタッフ主導から，メンバーといっしょに歩む形へと変化していったのである．そして，現在はメンバーとスタッフが協同して作業するという過程へと変化していきつつある．やがてはメンバー中心，メンバー主導の時代が来るのを夢見つつ，活動は進んでいっているのである．

活動の原点「仲間づくり」の確認

　さて，やどかりの里が現在「協同」を志向しているこの時代に，古いグループの記録を持ち出そうとしているのはなぜか．
　関わりの大切さ，すなわち，職員とメンバーとの関係性の大切さがやはり基本である，ということを改めて確認したいためである．生活支援における支えも大きなサポートであるとは思うが，その基本は相手との関わりの中でよりよい関係が成立するということを抜きにしては活動は成り立たないのである．やはり，やどかりの里の活動の原点は「仲間づくり」が基本であることを確認する意味においても，ここで今1度振り返って，お互いの関係ならびに関わりについて考えることが必要である，と思ったのが本書刊行のきっかけである．

第1部

グループ活動の成長過程

実践とその理論

柳　義子

第1章
病院におけるデイケア活動の変遷
－実践とその理論－

　社団法人やどかりの里に誕生したグループ活動は誕生そのものに特異な背景があった．したがって，その後の活動の経緯も特異なものであった．まず，このグループ形成は，その前に2年間開催されていた病院精神科デイケアが廃止になり，それをやどかりの里が受け継ぐ形で始まったこと，さらに，そのデイケアは精神病院の中で2年間開かれていた編み物教室を利用していた外来患者を中心にして始まったこと，を抜きにしては，デイケアの活動の特異性も，やどかりの里におけるグループ活動の特異性も語ることはできない．
　やどかりの里でグループ活動が始まる前に，私は4年間に及ぶグループ活動を傍らで見ていたり，実際に運営していた．その実践の内容を記した上で，グループの発達段階における課題を整理し，本論につなげていきたいと思う．そこで編み物教室，そしてデイケアを，やどかりの里におけるグループ活動を語る前に分析することにする．

1．グループ活動実践編

1）編み物教室から芽生えた仲間意識

　私がO病院に勤務したのと時を同じくして，編み物講師が閉鎖病棟にある面会室で週1回，2時間ほど，入院，外来双方の患者を対象に教え始めた．1968（昭和43）年5月のことである．この講師は，後に病院経営の採算を度外視してデイケアを開設したK医師の知り合いであった．1960（昭和40〜）年代半ばに一般の市民が精神科の閉鎖病棟の中に入って来たこと，そしてボランティアという形ではなく講師として謝礼を支払う形であったことは，画期的な試みであったと思う．精神保健福祉法に変わった今の時代でも，精神保健福祉ボランティアが精神病院に踏み込むには敷居が高いという声がある．それを考えると，そもそもすべての歩み出しが既製の枠からはみ出していたグループ活動であったと言えよう．

　1968（昭和43）年からO病院にデイケアが開設されるまでの2年間，10数名の女性患者が講師の下で作品を作り，院内のバザーなどに出品していた．当時，患者会などない時代であり，退院した後，気のおけない仲間を求めていた外来患者の幾人かは，積極的に編み物教室を利用して，仲間づくりを進めていった．まず，誘い合わせて休まずに通い，ぽつぽつと退院して行く患者を外来仲間に引き入れて，編み物教室に通う仲間の一員にしていった．しかし，よいことづくめではなく，退院の見込みのない入院患者から買い物を頼まれたり，外来者の持ち物，身につけているものへの羨望などが顕著になってくるにつけ，入院・外来両者の関係がスムーズにいかなくなってきた．そのようなところに，何回もの入退院をくり返してい

たある患者家族が，退院の条件として，家族以外にも病院スタッフが患者の様子を見守ってくれるような態勢づくりを要求してきた．すなわち，デイケアの発想である．こうして，2年間続いた編み物教室は，講師とともに次のステップであるデイケアへと移っていったのである．

この2年間のグループはたまたま編み物を媒介として集まった患者たちが，仲間の効用を体験し，グループ化を準備し始めた時期であったと考えられる．

2）精神科デイケア活動の変遷

(1) グループの準備期・開始期

1970（昭和45）年4月から6月にかけて，デイケアの試行期間が始まった．仲間の効用を意識し始めていた編み物教室参加者であった女性外来通院者4名を中心に，編み物講師と私とで週1回のデイケアを準備し始めた．6月末にはメンバーも9名になり，ボーリングなどレクリエーションもやりつつ，デイケアの骨格を作っていった．

まだデイケアという考え方自体が日本の中で浸透している時代ではなく，公立の研究所や病院，または幾つかの歴史のある私立病院などに開設されている状態であった．精神分裂病には精神療法や仲間の存在が有効とは考えられていない時代でもあり，もちろんデイケアは健康保険の診療報酬の対象にもなっていない時代であった．しかし，仲間を求めていた編み物教室の仲間たちはこの3か月で，デイケアという場所が自分たちにとって，病棟に後戻りすることを防ぐために必要な空間であることを認識し始めていた．退院の条件として，デイケアの開設をK医師に提案した患者の退院を目処に，

9名のデイケアメンバーたちはデイケアという場所づくりを確かなものにしていった準備期間であった．

(2) グループの開始期・発展期

1970（昭和45）年7月から1971（昭和46）年3月まで，グループの開始期から発展期が瞬く間に経過していった．デイケア開設のきっかけとなった患者を迎え，デイケアも週2回開催され，プログラムも整っていった．

驚くべきことは，7月に正式に発足してから半月後，1泊2日の合宿が提案されたことである．特に編み物教室からの継続者が多いグループはデイケアの準備期，開始期を自分たちで成し遂げてきたという思いが強いのか，何をやるにも積極的で，瞬く間に世話役が決まり，合宿場所を探し，7月末には河口湖合宿が実現した．

また，その後，提案された新聞（製作）活動はデイケアの精神的支柱となっていった．当時，週2回開催されていたグループのうち，編み物を中心としないもう一方のグループは，書物を読んだり，文章を書いたりすることの好きなメンバーが多く，賛同を得やすかった．

また，病院内のクラブ活動として文集クラブがあり，私自身そのクラブの担当もしていた．文集クラブに入っていた患者は，退院後デイケアに入会した時，新聞活動に馴染みやすかったとも言える．たまたま学生時代に新聞部に入っていたというメンバーがいたこともあり，基本的なやり方を教えてもらいつつ発足した．デイケア担当医や何人かの看護職員を除き，あまりにもデイケアに関心がないことをスタッフも，メンバーも薄々気づいていたため，この新聞活動には病院職員にデイケアを知ってもらうという意味も含まれていたように思う．この活動は，やがてはやどかりの里に移ってからも中心的活動となっていったが，活動の原型がすでにこの時期に始まっ

ていたと言える．

　7月に9名で始まったグループは翌年3月までに30名までに増加していった．このことから推測されるように，グループを一歩ずつ体験していくメンバーと，活動をぐいぐいと牽引していくような編み物教室体験者のメンバーとの間には，グループに対する意識に大きな差ができていた．そして，リーダー的なメンバーは秋にはハイキング，冬には公共施設を使ってのクリスマス会など活動を発展させ，メンバーをまとめながら，グループの開始期から発展期へと瞬く間に駆け抜けていったのである．この背景には，楽しみよりも苦痛のほうが多かったであろう1950年代（昭和25年〜）後半から1960年代（昭和35年〜）に，閉鎖的な病院での数年間の入院生活という共同生活をしてきたことが，少なからず仲間の凝集性に影響を及ぼしていたものと思われる．1971（昭和46）年3月，編み物教室から続けていた主なメンバーの半数がデイケアを終了した．終了生は自らソーシャルクラブ「向日葵の会」を作り，グループは次の段階，成熟期へと向かっていくのである．

（3）グループの成熟期

　1971（昭和46）年から1972（昭和47）年4月のデイケア閉鎖までを成熟期と捉える．1971（昭和46）年度は病棟から直接に，デイケア入会を条件として退院を認められるという人が増え，そのような新しく入会してくる受け身的なメンバーを前に，先輩のメンバーはスタッフの手の足りないところを十二分に補った．編み物講師が体調を崩して春から秋まで休んでいたこともあり，新聞活動を中心に着実に力をつけていったグループは，編み物教室経験者のメンバーが抜けた後何をしていいかわからず，気が抜けたようになったグループにこまめに関わりながら，デイケアとしてのまとまりを高めていった．例えば，その年の合宿は強力なリーダーに任せるのではなく，

1つ1ついっしょに計画を練り，合宿参加資格をみんなで検討して決めていった．また，新聞活動でインタビュー記事を載せ，多くのメンバーの関心を呼ぶように工夫したり，とにかくデイケアを自分たちのグループとして考えていくようになった時期であった．春には受け身的であった新入会者も，編み物の代わりに縫いぐるみを秋までには作り上げ，デイケアルームの備品を寄付してくださった方に差し上げるなど，仲間として共同作品を作るようにまでなってきた．冬ごろには，2年目を迎えたデイケアはメンバーとメンバーが支え合い，スタッフもいっしょになってこのグループを運営していくという気運が盛り上がってきたのである．

　編み物教室から継続していたわずかなメンバーと，新聞活動で仲間づくりをしてきたメンバーが中心になり，メンバー同士のセルフヘルプや，スタッフがメンバーに委ねるという気持ちも自然に生まれてくる雰囲気ができてきていた．そこに降りかかってきたのが，デイケア廃止という宣告であった．

(4) グループの終結期

　デイケア廃止を宣告されたメンバーたちが，その後デイケアの有効性を自らの言葉で語り，さらには，病院でやれないならば地域に出てもこのようなグループ，すなわちデイケアを続けていきたいという固い決意を表明し，実行に移した．その背景には，閉鎖病棟で編み物教室を開いていた1人の講師と，当初そこに集まった4人の外来患者から始まった，4年にわたるグループ活動があったのである．

　編み物講師の相談相手だった私にとって，4年にわたるこのグループの期間は，「仲間っていいなあ」と思うグループへの意識の芽生えから，この集まりを大切にしていこうという準備期，そして日時・場所など枠組みや実体を伴ったグループ活動を開始する時期，そこ

に集まったメンバー同士で織りなす人間関係，スタッフとの関係，病院を始めとする対社会との関係など，活動は右に左に揺れながらも発展して，さらに自らを，他者を，社会を見つめ，そして精神病という病を見つめ直し，揉み合っていく成長したグループ集団がそこにはできていたのである．

2．グループ活動理論編
－精神科デイケア活動からみたグループ成長過程の分析－

1）仲間意識の芽生えの段階

　これはグループになるのかどうか不確定な段階である．
　スタッフとメンバーの気持ちが何らかの調子で意気投合した時，メンバーの数は少なくてもそのグループは活気が出て，居心地がよくなり，仲間を暗黙のうちに求めてくることがある．その結果，グループという種の発芽が始まるのである．編み物グループは，講師自身が内科的な難病を持っていたということもあってか，再発ということが最大の課題であったメンバーの病に対しても共感的に関われたのではないか．講師自身再発への危機感を，病院の帰り道などにふと私に漏らしていた光景を思い出すたびに，この講師の存在こそメンバーにとっても，私にとっても，グループ体験の萌芽を植えつけてくれた人のように思われる．

2）グループの準備期

　グループに参加を意思表示した者がスタッフとともに，文字どおり開始に向けて準備する段階である．
　外側に向けては，メンバー，担当スタッフのみならず，多くの関

係者にグループ開始の必要性と開始に向けているエネルギーを伝播し，容認させる時期とも言える．

内側においては，スタッフは，1）で芽生えた仲間意識を維持していけるよう，それぞれの関心や不安，期待などをよく聞き取り，形あるものにしていくビジョンを明確に打ち出し，開始に向けて協力を要請し，スタッフ自らも精力的に動いていくことが必要である．スタッフの本気を，メンバーにも他の職員にもわかってもらうことが大切である．

このグループの場合は，編み物グループメンバーからも親しまれていた，入退院をくり返す1人の患者を退院させようとするスタッフ，メンバーの強い意志が，3か月の準備期でデイケア開始にこぎつけたと言える．

3）グループの開始期

最低限の枠組み，日時，場所，担当スタッフなどが設定され，そこに何を盛り込むか，活動内容（プログラム）の検討，会員資格などの検討をくり返す話し合いの過程が，まさにグループの始まりである．準備期の決定どおりにはいかないことも多々あるが，ここでグループ担当者として誤ってならないのは，つねにメンバーとの合意のもとで事を決定していくというシステムづくりを心がけることである．スタッフとメンバーの信頼関係は，そんなに簡単に芽生えるものではない．最初の時期こそ，スタッフには谷中の言う「温かさ」「我慢」が必要である．（本書p214）私の体験から言えば「決してメンバーを裏切らない」「メンバー不在の決定をしない」「自分のペースではなく相手のペースで」と言い換えることができよう．信頼関係を培う中にこそグループの基礎は育まれていくのである．

4）グループの発展期

　シュワルツ=W（シュワルツ，Wo，ザルバ，S,R,，前田ケイ訳「グループワークの実際」相川書房，1978）の作業期と言っている時期が本論の発展期または成熟期に相当するのであろう．確かに，グループメンバー同士の相互作用，グループと他の機関との関係など，活動は広がり，内外とも問題は多くなる．谷中はグループ活動段階の中期としてこの時期を捉えている．（本書p215）彼は「タイミングよく個々の問題を全体の問題にしていけるか」「メンバーのニードをつかみプログラムという1つの共同作業に二人三脚していけるか」「流れを見て変化を与えられるか」と述べている．

　私の体験から言えば，この時期は個々の問題をグループの問題にするかどうかの問題だけでなく，グループの問題を社会の問題として提起していくか否かの見極め，そこにどのようにしてスタッフはスタッフとしての関わりをなすべきなのかという，スタッフ側に跳ね返る問題を多く抱えた時期であった．

　病院のデイケアの行事，クリスマス会をO市公民館で開いた時，それにまつわる施設使用願いへの用紙に所属を記載することを通して精神病をどう各自が受け止めていくか，周囲の精神病に対する見方などへの配慮を意識せざるを得なかった，という事実があった．また，やどかりの里に移ってからは，病院のデイケア時代には考えられないような1泊2日の尾瀬山行を試みるという出来事がこの時期にはあった．

　谷中の言う担当者の基本的姿勢「素直さ」（本書p216）は，自分自身がこれまで知らず知らずに身につけてしまった先入観を拭い去り，事の次第を真っ新な眼で見つめ直すことなのであろう．言い換えるならば「精神障害者」としてではなく「人」として出会うとい

うことであろう．しかし，この発展期は率先してグループ活動を進めるメンバーと後追いをして行くメンバーとが混在していることが多く，スタッフは「素直さ」とともに，一方で開始期に必要とされるような援助者の役割も期待されていることを知っておかねばならない．適宜メンバーの要求によって役割も変わってくることが多いからである．

5）グループの成熟期

　発展期であちこちと試行錯誤してきたグループは安定した様相を示し始める．自分たちのグループ，自分たちで運営していくのだという気運も出てくる．谷中はこの時期を「手を出さない援助」と言い，「率直なスタッフの態度」を指摘している．（本書p217）まさに当を得ている言葉である．このグループでは新聞活動を充実させたり，メンバーがメンバーを支え合うという光景も随所に見られるようになってきた．手を出さずとも，必要な時にはアドバイザーとして大いに利用される存在というのが，この期のスタッフであろう．また，やどかりの里においてのこの時期の活動としては，母体であるやどかりの里の財政危機を担う一員としてメンバーが台頭してきて，財政立て直しのさまざまな活動にスタッフ，一般の社団法人の会員とともに活躍をした．特にやどかりの里におけるこの時期の活動に際しては，「手を出さない援助」というよりも，総会の席上であるメンバーの言った「私たちは援助されるだけでなく，援助する人にもなり得るんです」という発言のほうが的を射ているかもしれない．すなわち，援助は一方向的，固定的なものではないということである．やどかりの里のグループ活動は前段で述べたように，最初から特異性を持ってスタートしたこと，社団法人やどかりの里自体が財政危機という状況に直面したために，一般的な理論ではくく

れない面を多く抱え込みつつ，活動が展開していったのである．

6）グループの終結期

　一般にグループの終了を意味するが，グループそのものが終了する場合と，メンバーの大半がグループを出ていくがグループは残る，という場合がある．出会いと別れは対になっているように，グループに参加すれば，いつかは出て行く時がある．この時に必要なことは，グループに参加して各自の目標がどのくらい達成されたかを，個人で，また，スタッフと，そして，グループ全体で率直に評価することが大切である．そして，さらに，必要とあれば次なるステージに移行していくための援助も大切である．新しい関係に入っていく勇気を必要としている人もいるからである．
　病院のデイケアのグループでは突然に降ってわいたような「デイケア廃止」という問題を討議する過程そのものが，自ずと個人を，デイケアを，当時の精神医療状況を評価する結果になった．そして，新しい活動をやどかりの里という新天地に求めていったのである．

第2章
やどかりの里におけるグループ活動の変遷
グループ活動の誕生から終結まで

　これはやどかりの里における社会復帰訓練を目的にした「爽風会」と呼ぶグループ活動の歴史である．「爽風会」の誕生は一民間病院における精神科デイケアが廃止になり，中間宿舎の活動をしていたやどかりの里に合併することで新しく出発したものである．このグループ活動はやどかりの里の中心的活動として，1972（昭和47）年から20年間続き幕を閉じた．
　1990（平成2）年，やどかりの里は援護寮，通所授産施設など，精神保健法に基づいた社会復帰施設を建設し，その後，地域にさまざまな作業所や生活支援センター，グループホームなどの資源を充実させていき，その場所，場所に小さなグループが生まれた．
　爽風会のようにグループ活動のみを中心に据えて，仲間づくりを考える活動は衰退した．
　しかし，1995（平成7）年から，メンバーの必要性に応える形で期間を限定し，装いを変えて，仲間づくりを中心にしたグループ活

動が発足し，今も細々と継続している．

　本章では，やどかりの里におけるグループ活動の第1期を取り上げ，1972（昭和47）年から1978（昭和53）年までのグループ活動を，当時の担当者の日誌を中心に綴った記録（生きている仲間；やどかり出版，絶版）を基に筆者が大幅に書き換え，グループの変遷を分析的に見ていこうとするものである．

1．準備期と開始期　1970（昭和45）年～1972（昭和47）年
　　－居場所を築く時期－

1）グループ誕生まで（準備期）1970（昭和45）年～1972（昭和47）年

　1972（昭和47）年3月に一民間病院の外来者のためのデイケア廃止が決定された．デイケアを利用していた患者とその家族，およびデイケアを担当していた医療従事者が何回か協議をした結果，地域に出てグループを継続させることになった．こうしてやどかりの里に1つのグループ活動が誕生した．

（1）昭和40年代（1965～）の平均的な民間病院の様子
　昭和40年代（1965～）の精神病院は入り口あって出口なしという状態の所が多かった．すなわち，外来治療より入院収容型の病院が多かったと言っても過言ではない．やどかりの里のプロローグとなるO病院（民間病院）も同じような状況であった．私が就職したころも，状態のよい患者の農耕作業や病院の修理をやったりするような長期入院者のグループはあった．それはグループというよりも社会的入院者のたまり場と言っても差し支えないものであった．しかし，新しい精神医療を進めたいという1人の医師が，周囲の反対を押し

切って1人のソーシャルワーカー（谷中輝雄・現やどかりの里会長）を採用した．1969（昭和44）年のことである．前年心理職として就職していた私は，赴任したワーカーとともに閉鎖的な病院に社会復帰活動を生み出すさまざまな活動に参加していった．そこで私はグループ活動の基本を学んだと言える．

　同年8月，新任のワーカーは状態は改善されているにもかかわらず退院できない患者に対して，本人の自信と家族への信頼を取り戻すために院外作業を開始した．通称「外勤」と呼ばれたそれは，近くの工場主の協力で病院からの工場勤めという形態をとっていた．まず，外勤対象者10名ずつをグループにしてグループミーティングを3か月間行い，自分自身を表現する経験を積んだり，仲間づくりを促進した後で外勤を始めるという仕組みを作った．

　このグループミーティングの記録化が私の仕事であった．週2日グループがある時などは，2時間のテープ起こしはたいへんな仕事ではあったが，この逐語記録をもとにグループの進め方を議論することは，私がグループワーカーとして歩み始める第一歩であった．なぜ沈黙があるのか，何を意図してこの発言はなされたのか，ファシリテーターとしてのあるべき姿勢等々，特に私のミーティング運営の基礎はその時に育まれたものが多かった．

（2）病院内における社会復帰活動の展開

　ソーシャルワーカーが赴任して瞬く間に社会復帰病棟，院外作業が始まる一方で，翌1970（昭和45）年にはデイケアが始まり，私がその担当となった．短期間で閉鎖的な病院は変化を余儀なくされ，このことはこの変化の早さについていけない患者，職員にさまざまな反応をもたらした．社会復帰病棟で，退院を現実のものとして考えざるを得なくなった患者の中には，不安から自殺することも稀ではなかった．「寝た子を起こすようなことをして迷惑」という職員

の反感，特にデイケアは看護者の目には「なぜ心理やワーカーは状態の良い人ばかりを相手にしていて，院内の悪い人を診てくれないのか」というように映っていた．

　1年もしないうちに，どんなに院外作業によい結果を出しても家族が退院を認めない人が続出してきた．そこで考え出したのが，院外作業先の工場の2階を借りて，中間宿舎を設立，名称を「やどかりの里」とした．しかし，退院した人にまで病院としては責任を持てないという病院側の考えに，ソーシャルワーカー谷中は谷中個人の責任で，退院後の宿舎での生活を保証していくことになった．もちろん，こういう状況の中でも，協力を申し出てくれる病院看護者，栄養士などもいたが少数派であった．

　そのような折にデイケア廃止の問題が持ち上がったのである．さらに，時を同じくして工場側からの不満が噴出した．すなわち，工場の2階で生活し，仕事もうまくできるようになってくると労働条件のよい別の職場に移ってしまう．これでは工場としては成り立たないというのである．障害者の社会復帰に協力してくれた工場も，やはり工場の規模が零細であればあるほど労働力確保には困難が伴い，2階の宿舎の返還を迫られたのである．

　1972（昭和47）年春，中間宿舎やどかりの里の移転問題，デイケア廃止という問題，さらには，O病院との関係をどうしていくかについて短期間で結論を出していくことが必要となった．ソーシャルワーカー谷中を中心にデイケア担当の私，双方に関係する家族，協力者を交えての会議が頻繁に持たれた．その結果，現在地大宮市中川に借家を求めて「やどかりの里」を移した．そして，病院で廃止されるデイケアは「やどかりの里」に引き受けてもらうという結論が出された．

（3）デイケア廃止が決定した時
　廃止を明らかにして以来，デイケアの活動はデイケア廃止に対しての対策を練る会と化した．デイケア利用患者の反対の声が強く，家族も続けることを強く希望していた．医師，担当者田口（現柳），谷中，患者，家族も参加する中で会議が持たれた．幾度となくくり返された話し合いの中で，医師を呼んで自分たちにとってのデイケアの効用を訴えた最後の話し合いは次のようなものであった．もう病院では存続できないことは明確になってきているにもかかわらず，退院後のケアの必要性，今後の精神医療のあり方などを，メンバー自身の言葉で語る迫力に満ちたミーティングであった．

　a子　これからの患者さんというのは病院を選ぶと思うんです．その選ぶ時に，デイケアを持つ病院とそうでない病院とでは大差があると思うんですよね．（略）入院していてもデイケアのない病院って恐いなと思いますよ．
　b子　だからこういうことなのでしょ．私たちはもう退院したのだから，自分の力でやっていけという．
　a子　私たちの立場としては，これから悪くなった時に，がんばる場がなくなってしまうわけ．デイケアがあれば，まずここを利用して何とか立ち直ろうと努力して，それがだめだったら入院するということができたでしょう．廃止になったら，すぐ入院するということになってしまう．
　c子　ちょっとぐらいの診察ではね，先生でも見逃がすことがあると思う．でも1日ここで過ごしていると，田口先生なんか気づいてくれて，自分で意識してない揺れなんか早目にアドバイスしてくれたり……
　a子　先生じゃなくても，友達が言ってくれたりしてね．

k医師　それがデイケアのいいところだよ．
　a子　私たちって，デイケアの仲間のように病棟内の人たちとも仲間になれないのかしら．病棟内の人と同じにやれれば迷惑かけないわけでしょう．
　b子　そうやると刺激になるのよ．病棟内の患者さんって温室の中にいるわけでしょう．私たちは社会の中にいるしね．刺激が強過ぎることもあるんじゃない．
　a子　病棟内の人たちだって，ある程度の刺激は必要じゃないかしら．
　b子　退院できる人はいいけどね．一生病院にいる人もいるのだし……
　d子　私はどういう形でも続けたいわ．外でもいい．
　b子　今のこういう田口先生がやってきた形ではできないかもしれないけどね．できるんじゃないかな．部屋借りたりして．病状に揺れがくると，いろいろ話したいことも多くなるし，こういう集まり必要じゃないかしら．病院で不可能というなら，もう具体的に考えていかないと間に合わないわ．
（中略）
　Y男　みんなの情熱があれば，散会しても続けていけると思うし，それがほんとうの形であると僕は思うね．
　b子　ここで続けられないことはわかったのだから，具体的に進めていこう．
　志村（家族）　みなさんが必要は認めているのだし，デイケアの原点に立って考えていきたい．今基本的なものだけでも作らないと2度と立ち上がれないように思う．患者1人の力では無理で，私たち家族を含めて意見を出し合いたい．後はみんなでやるだけだと思う．

この後，家族である志村から，やどかりの里に吸収といっても場所が狭く，デイケア開催の空間がないから，自宅の部屋をデイケア開催時に利用してほしい旨の申し出があった．

2）グループ誕生（開始期） 1972(昭和47)年～1973(昭和48)年

（1）精神分裂病観への反旗を立てて

　病院のデイケアの廃止に伴い，何らかの形でデイケアを継続していきたいという希望がメンバー，家族に強く，1972（昭和47）年5月から，提供されたメンバー志村宅の1室を舞台に新たに活動が始まった．

　こんなにメンバーが必要としており，少なくとも活動の面での失敗はなかったのに，経営面や病院職員の理解を得られずに廃止に追い込まれたということは，グループ担当者である私を憤慨させた．廃止を「追い出された」という感覚で受け取った担当者の気持ちは当然メンバーにも影響していった．さらに，当時は精神分裂病は医師のもとで管理を受ける対象であり，地域で医師以外の福祉や心理の専門家が扱える対象ではない，という考えが強烈な時代でもあった．

　さらに，こんなに「仲間」を求めているのに精神分裂病者は仲間が作れないものだ，「仲間づくり」を求めて地域で実践しようなんて無謀なことだ，という医療者側のまなざしがあった．仲間ができないなんて，仲間を求めるチャンスを奪ってきた環境が問題なのではないか，という考えで集まった当時のやどかりの里のスタッフたちは，何としてもこの試みを成功させてやるのだと，家庭訪問や，自宅の電話も駆使しつつ，今で言う生活支援センターの機能をそれぞれのスタッフが自発的に担った．したがって，無理は承知の上で，新しい試みへの挑戦という意味合いが大きかった．

グループではプログラム，開催日時，利用費などが決定され，新しいグループ名も「爽風会」と決定され，大枠が作られていった．

(2) 家庭を利用したグループのメリット

やどかりの里に場所の余裕がなかったことから，活動の場が病院から一民家に移ったことによって，まったく新しいグループとしての特徴が浮かび上がってきた．

① 家族の参加

志村宅での活動であるため，母親志村は息子であるメンバーの参加の有無にかかわらず，家族の立場で毎回参加をしてくれた．

② メンバーの主体性

病院の管轄下を離れ運営を自分たちで賄うことにより，利用費を払ったりするというように運営の主体化につながっていった．

③ 普通のつき合い方

地域社会の中での活動は，私の考えていた以上に気楽な活動を生み出した．「手土産を持ってちょっとご挨拶」といったごく普通のつき合いは病院では見られないものであった．

④ 関わりの時間の長さ

病院の職員としての私は1日中デイケアルームにいられるとは限らなかった．

しかし，志村宅ではメンバーと同様に同じ空間で6〜7時間を過ごすことになり，少なくとも昼間のメンバーの動き，疲れやすさ，気の使い方など，改めて感じることも多かった．これは，その後やどかりの里のグループ活動の特徴として，活動時間中はともに過ごすという原点になった．

（3）日誌から見るメンバーの活動評価
　この初期の段階のグループについて，あるメンバーは全体日誌に次のように記載している．

　今日感じたことは，今までいろいろごたごたがあったが，そろそろまとまってきたと言える．しまいには落ち着くところに落ち着くということだろう．落ち着くところがどんな状態であれ，それが皆の無理のないところだというのが事実だろう．もっと素晴らしいことを望むとした場合，そこに無理が生じれば元も子もなくなってしまうだろう．「これでいいじゃないか．少くとも俺はこのままでいい」という裏には怠情が潜んでいる場合がある．この会の場合はどうか．気休め的なことを書くようだが，これが僕たちの限界だろう．
　限界を認めることは，我々にとって非常に大切なことのように思う．

　デイケアは病院で開設して以来，活動終了後その日の記録を書く全体日誌と，個人ノートとがあった．全体日誌は今思い出してもひじょうに面白いものであった．いわゆる業務日誌のようなものをメンバーが書くのであるから，その活動を当事者がどう評価しているかが手に取るように伝わってくる．この発想はそこまでのことを考えたものではなく，病院でデイケアを始めた時の，小人数で，家庭的で，時間がゆったりと流れている活動の中で，「何でもノート」の発想でその部屋に置いたつもりであった．当時歌声喫茶が盛んで，そんな場所にはいつもノートが置いてあるという時代背景も，グループを始めたばかりの私にとって1つのヒントになったと思う．さらに，グループは毎日開催していなかったので，参加する人同士の連絡の意味もあった．しかし，始めは順番で書いていたこのノートも，

しだいに書くことを好む人がそのグループの代表のような形で，その日の様子を書き綴るものになっていった．グループ廃止というような危機場面などになるとそれなりの緊迫感を，また，グループ再開への安堵のメンバーの声なども伝え，記録するものになっていった．

　前記の日誌を見た私は後日，次のように当時のグループを回想している．

　この日誌を改めて読んだ時，病院でデイケアが廃止され，地域に出て無理しても存続させようとした我々の意気込み，焦りといったものを指摘された感がある．（中略）それにしても焦りは全てのことをゼロにしてしまう危険性をはらんでいる．すばらしいやどかりの里を望んではいけない．すばらしいグループ活動を望んではいけない．メンバーとスタッフとのその時々の力量に応じてそれなりに納得していく活動をしていけば良いのだ．自戒を含めて全体日誌を読む．

　このように，グループ担当者に多くの示唆を与えてくれる貴重な存在感を持った日誌であったと改めて思う．その後，志村宅でグループを再開した時に，この全体日誌は自然消滅していった．その原因として，個人ノートを書き，さらにまた全体日誌を書くということを負担に感じるメンバー構成になってきたこと，また，志村宅での活動は，志村家の生活を邪魔しないという配慮をこちら側が持っていたため，終了時間の夕方は余裕がなく，個人ノートを書くので精一杯ということが原因であったようにも思われる．

　例えば，次のよう事例は頻繁であった．

＊月＊日

　夜分，私の自宅にメンバーより電話．「甥の面倒を見るのでデイケアを辞めたい．もう決心したんです」と一方的．
　私　デイケアに来ることが大変なの．
　メンバー　いいえ，そんなことはありません．
　私　私は，まだあなたにデイケアは必要と思っているけれど．
　メンバー　……不安で今日も頭が痛いんです．
　私　何か言えないものがありそうだけど．今の理由では皆の前であなたが辞める理由を私は言えない．私自身納得していないから．今の理由ならあなたが爽風会に来て皆に話さなくてはいけないと思う．
　メンバー　やっぱりほんとうのことを言います．＊＊さんとトラブルを起こして．もう私のこと見るのも嫌だと言われてしまった．私と症状も似ているし，仲良くなれると思ったのに残念です．あの人に嫌われるのは辛い．もし一緒にいて辛いのなら私が辞めるべきだ．昨日のデイケアの時からそれを考えていて頭が痛くて……

　頑なな切り出しから自らの心を開いていき，トラブルを起こしたメンバーのためにも自分が参加する中で問題を解決し，もう1度やってみるといった話の転換に至るまでに要した40分の電話は，決して長くはなかった．今まで家庭の中でも仲間の中でも，回避という形でしか解決を試みようとしなかったメンバーが，この事件を契機に自ら問題の中に飛び込もうとした．そのメンバーの新しい経験を嬉しく思う気持ちとともに，デイケアというグループの持つ意味の重要性を感じた時間であった．
　このようなスタッフの自宅への電話相談は稀ではなかった．特に，病院を辞めると同時に大学院にもどって勉強し始めた私は，週数日

しかやどかりの里に関われなかった．その足りない部分を電話という形で少なからず補っていたのである．このように，グループ活動だけでなく，スタッフとの個別の関わりも頻繁に行われていた．グループ開催頻度が少ない状況の中では，メンバー同士のサポート以上に個別への対応が重要な位置を占めていた時期であった．

（４）個別の支えからメンバー同士の支えに
　やどかりの里でのグループの開始期は，通常のグループの成り立ちには見られない特殊性を持っていた．すなわち，初期から自分たちでグループを運営していくという意気込みがあったことである．「病院がだめなら地域でやるさ」を合言葉に，一致団結したスタッフとメンバーの中には同志的なつながりがあった．個別のサポートが必要とはいえ，大部分のメンバーにとっては地域に出たという不安はごくわずかな時期だけであった．やがて，メンバー同士の支え合いに発展するまでに時間はかからなかった．

　この個別の支えとメンバー同士の支え合いの関係については，病院で経験した２年間のデイケア活動で学んだものが多かった．病院デイケアの１年目は，院内で２年間行われていた編み物グループを母体としての出発であったため，講師を中心としての結束力があり，合宿を始めさまざまな活動が短期間で進められていった．しかし，彼らが終了した２年目のデイケアはまったくグループ体験のない人々であったため，半年ほどは担当者が牽引車のように引っ張っていかないと何も進まない状態であった．このことから，私はグループというものは担当者との１対１の関係が安心して結ばれる時間が必要で，その後に同じ時間をともにしている仲間との関係が続いてくるということを体験した．その後，谷中はグループを毛糸玉にたとえ，「メンバーは担当者を中心にぐるぐる巻きつき，やがてそれぞれの

興味や関心事で結び合い，担当者という芯棒が抜けた後でも毛糸玉の形がそのまま残るものがよい」と語っている．もし，形が崩れてしまうようならば，それは担当者がメンバーを依存という形できつく巻き過ぎてしまったことの表われなのである．もっとも，後日グループ活動が歴史を積んでくるに従って担当者ではなく，中心となるメンバーを軸にあちこちで小さな毛糸玉が出来上がってくる現実を見ることができた．

　これまで見てきたように，やどかりの里のグループ活動は病院内デイケアの廃止が１つのきっかけになっているために，グループ開始期にメンバーとグループ担当者とは親密な関係を引き継いでおり，１つのまとまりのある動きを見せていた．

（５）グループ活動にもたらした視野の広がり
　グループへの動機づけがきわめて高かったゆえに，開始期からグループの凝集度も高かった．したがって，病院内のデイケアでも行われていたように，1972（昭和47）年８月，夏の合宿が当然のように提案され，実行されていった．しかし，今回の合宿はこれまでのものとは違った趣があった．病院という枠に縛られない運営はさまざまな人々の協力や参加があった．すでに同年５月には社団法人「やどかりの里」として認可申請の総会も開かれ，200人余の出資者が集まっていたので，このような協力者に対して，やどかりの里の行事へのお誘いも頻繁になされた．したがって，合宿などにはこれらの人々も参加し，グループ活動「爽風会」のメンバーおよび終了生，中間宿舎時代からの寮生，家族などさまざまな顔触れが見られた．週２日の活動日以外にもあれこれと買い物や栞づくりに精を出している様子は，グループ活動「爽風会」のメンバーがやどかりの里の中心になってきていることが伺われた．

しかし，法人会員として協力して下さる人の中には青少年教育キャンプのリーダーのような人もおり，その人の指導の下に一見スムーズな運営が行われた．こういう教育キャンプのあり方に対して「何だか自分たちでやっている気がしない」という問題提起がグループメンバーから出され，自分たちの力の範囲で，自分たちのキャンプをやり始めるようになるには，次の「発展期」まで待たねばならなかった．そういう意味では，いろいろな人が関わることによって，自分たちが何のためにグループ活動を行っているのかを見直すチャンスが与えられた時間でもあったと考えられる．

こういう経験が，つねに活動の振り返りの作業を大切にするという姿勢をグループ担当者に意識化させることになった．すなわち，1つの活動をともにやっても，そこには相手と私の間に生ずるずれが必ずあるということへの気づき，そして，それを修正する作業の過程で，相手と私の間に関係性や信頼感を結ぶことができるという体験であった．

そのため，今日でもやどかりの里においては，グループワーカーは日常的な関わりを通して活動プログラムを作り上げ，振り返りの作業を重要な活動としている．

グループ開始の動機づけからもうかがわれるように，メンバーは自分たちの必要性から出発していることもあって，グループの凝集性はきわめて強いものがあった．グループをさらに発展させたいという意識が早くも盛り上がってきて，開始期から発展期に移行するのがきわめて早いことが大きな特徴となっている．

10月に入ると，やどかりの里に受け入れの態勢が整ったため，グループ開催の場所を志村宅から「やどかりの里」に移すことになっ

た．

　志村宅においても，やどかりの里で再開された時も，グループの活動の中心は病院でのデイケアから続いていた新聞制作活動であった．「爽風」という新聞名は，病院のデイケア廃止に伴い，新たに地域で出発した時のグループ活動の名称でもあり，風薫る爽やかな5月の旅立ちを記念して当時のメンバーでつけたものである．何度もミーティングを重ね，作り上げていくという編集会議のスタイルは，それなりに充実感もある一方で，負担に感じるメンバーもいたことは事実である．時折，新聞制作活動に対して振り返り，メンバーの意識の確認をすることも必要であった．

　谷中　火曜日のこのグループも，新聞づくりをしなくてはいけない，とかそういう感じがあるのでは．
　f子　いつもそんな感じね．
　Y男　新聞は，これだけは続けたい．僕は新聞づくりとミーティングのために来ている．それを除いたら，単なるおしゃべりになってしまう．
　田口　はじめに新聞がどういう目的で発行されたのか，それを考えていく．それが受け入れられれば続けるし，受け入れられなければやめてもいい．
　Y男　やっていく中で理由がはっきりする場合もある．
　a子　病院デイケアの新聞活動でやっていたインタビューはいつやめたのかしら．インタビューする熱意が表れていたように思う．
　谷中　自分たちの主張みたいなものを伝えていくという，そういう姿勢が最近ちょっと出ているように思うんだけど．
　Y男　考え過ぎかもしれないけど，そういう考えを出すと，生意気なことを言っていると思われるのではないかと気がかり．

谷中　仮に生意気って思われると，やどかりの里がマイナスに評価されるってこと……

Y男　それとか無視されるとか．

谷中　僕はそんなこと構わず，言いたいことは言っていいと思う．心配なのは読みもせず無視されることだ．

a子　反応が知りたい，新聞を送った人の．（病院デイケア時代の仲間，家族の希望者，関係者など）

谷中　その反応を問い直してみる．聞いてみるという作業がなければ，どう思っているのか確かめられないのじゃないかな．

田口　新聞を読む人の対象がはっきりしない．内輪のものなのか，外部のものなのか．そこがはっきりすれば，新聞「爽風」の性格も明らかになるし，私たちの関わり方もはっきりする．今までは原則として仲間のみに送っていたが．

a子　埼玉県精神衛生大会に参加した辺りから，少し外に向いてきたような．

田口　そこで，皆の主張がもう少し入らないと，外に向いた場合は物足りないということになったのよね．

a子　もっと自分自身を新聞にぶつけていかなければ．

（6）開始期を振り返って

　新聞制作については，メンバーからは，担当者の私は世話役および編集長として期待されてはいたが，このようにプログラムについて確認する中で，メンバー各自が少しずつ新聞制作活動を自分にとって意味あるものとして，主体的に関わっていく様子が新聞の内容に現われてくるようになってきた．

　1973（昭和48）年1月にはグループ活動の開催場所を正式にやどかりの里に移し，志村宅には作業を中心とした作業部門を設置した．月に1度，志村宅に出かけて作業部門との合同ミーティングを開く

など交流を図っていた．そして，3月にはグループ活動を終了する人たちが出てきて，そのメンバーを中心にしてグループの効果を語り合うことになった．

　　e子　一番有り難かったのは，横のつながりができたということ．ここへ来ると安心できる．でも，かえって安心に浸りきっちゃうような．
　　Y男　病院から出て，いろんなものが盛り込まれてきた感じがしますね．前のころはどことなくぎこちないところもあったけど．横のつながり，友達と友達，僕なんかスタッフとのつながりも前は細かったけど，太くなったみたい．以前，病院でやっていたころは，先生たちに冗談言うのも控えていたところがあったように思う．長い時間かかってずいぶん変わってきましたね．
　　S男　発病する前は（自分と囲りとが密着して）全身一体となっていたように思う．感情と理性が一体となって隙間がなかった．

　こうして，グループのリーダー的存在であったメンバー3名はグループ活動を終了し，家庭復帰，復学，志村宅での作業部門のリーダーとして，それぞれの道を歩み出していった．

　さて，このグループの開始期においては，安定した開催場所を持てずに出発したにもかかわらず，合宿，活動プログラムの検討，新年会の開催など，病院とは異なった活気のある活動をくり広げていった．また，リーダー的存在のメンバーがその力量を発揮してきた．さらに注目すべきことは，グループワーカーとの関係を治療者として見ることから，冗談の言える仲間に近い存在として評価してきたことである．時として，病院から離れて独立するということに対して，意気込みと不安が先行しがちだったグループ担当者にも，地域

での活動の積み重ねからややゆとりが生まれてきた．そして，活動を推進するに当たり，「メンバーに託すこと」の意味を体得した重要な時間であったと思われる．同時に中心的な働きをしたメンバーの終了は，他のメンバーに次からの活動を託したことを意味していると思われる．こうして，グループの基礎が作られ，グループは発展期へと移っていくのである．

2．発展期　1973(昭和48)年～1974(昭和49)年
－相互に信頼関係を築く時期－

　グループが成長をしてくるとさまざまな出来事が起こる．グループ活動の場は1つのドラマでもある．そのドラマを通じて，個々人が役割をとり，役割の遂行から個々人が力をつけていくようになる．

　緊張と弛緩の体験のくり返しの中から，メンバー同士，メンバーとグループワーカー，それぞれの間で激しいやりとりをしつつ成長をしていくのである．

　1973（昭和48）年4月からは女子のみのグループとなった．活動の中心であったメンバーが抜けてしまったが，残ったメンバーで事前に電話で打ち合わせをして，新聞制作のための原稿をすでに用意して集まってくるようになった．グループ活動に対する意欲が見られ，新しいリーダーの出現も見られるようになった．さらには終了した人の中からY男氏がアシスタントとして参加し，新聞づくりには指導役として活躍した．担当者の手の届かないところを補ってくれるだけでなく，当事者ゆえに可能なサポートの仕方があることを，新聞づくりを通じて目の辺りにすることができた．

　メンバーに助けられるという体験はすでに病院のデイケア時代にも体験していたが，Y男氏のみならずこういうメンバーがいると，

担当者自身が落ち着いてグループに関われる．このように援助者でありながら援助されていることを感じる瞬間は，グループ担当者として貴重な体験であったと言える．

　グループの発展期には，メンバーと担当者との信頼関係をさまざまな出来事を通じて育んでいく期間であり，その関わりの中にグループ担当者とメンバーのそれぞれの成長を，結果として見出すことができたと考えている．

　印象に残るエピソードを通じて，グループの成長と，「信頼」「委ねる」といったことをどのように担当者に実感させてくれたのかを考えてみたい．

1）尾瀬山行をめぐるグループの盛り上がり

　1973（昭和48）年春，新聞やニュースで盛んに報道されていた尾瀬の水芭蕉を1度は見てみたい，という声がメンバーから上がった．
　当時の尾瀬はまだ本格的な山行であった．学生時代山登りを経験していた私にとって，普段の生活でさえ疲れてしまうという人々，服薬をしていることなど心配が先だった．登山などまったく経験のないメンバーに対して，危惧を感じつつも私に尾瀬山行を決意させたのは，「ぜひとも見てみたい」というメンバーの気迫であった．思春期のこれからという時期に発病し，行動範囲も狭くなっているメンバーに，新しい経験が増えることはプラスになるに違いない．何も尾瀬ぐらいでそんなに重大に考えなくてもという人もいるかもしれないが，登山をやった人ならたとえどんな所でも山のたいへんさを知っている．どんなに苦しくても自分で歩かなくては，登ることも下ることもできないからである．こんなことを何日も考えた挙げくふと私の心に浮かんだのは，「私はメンバーを信用していない

のではないか」ということであった．「歩いてくれるメンバーである」と信じることのできなさが，何日間も私の迷いの原因であったことが判明した時，メンバーに対して「すまない」という気持ちが込み上げて来た．数人のスタッフの協力のもとに，6月4〜5日，メンバー6名，スタッフ4名で1泊2日の尾瀬山行は決行された．

　全員が苦しい思いをしながらも歩き通し，山行は成功のうちに終わり，尾瀬の感想を，新聞「爽風」に載せることになった．ミーティング，編集会議をいく度となく重ね，メンバーの有志は活動日以外にも来てガリ板に向かっていた．尾瀬山行の盛り上がりが新聞制作にも表われて，普段は3か月分の分量であるB4判裏表3枚を1か月で仕上げてしまった．メンバーからは「これだけやると新聞活動もやりがいがありますね」との感想があり，新聞制作にも主体的に関わっていく姿勢が見られた．動機づけの大切さをまざまざと感じさせられた出来事でもあった．

　一方，この尾瀬山行は精神病院の心理職員であった私から，地域で働くワーカーとして出発するきっかけを作ってくれた出来事であり，その後あらゆることに迷った時，この尾瀬山行の決断が私の判断の基準になって，私を長いこと支えてきた出来事であった．

　日常的なつき合いにおいても，メンバーがお金を出し合ってスタッフにお中元が送られたり，夕方にメンバーやスタッフが連れ立って大宮のビヤガーデンに出かけたりするということも，ごく自然になされるようになってきた．また，Y男氏は新聞「爽風」に，担当者である私への出会いからこれまでに至る感想を「田口義子論」として連載するなど，メンバーとスタッフという関係性が，地域に出てからさまざまな出来事を通じて着実に変化してきている時期でもあった．グループ活動終了後にメンバーそれぞれが書く個人日誌の記入も，また，それに対し担当者が寄せる感想も相互に充実してきた．

自分の日誌の抜粋を新聞「爽風」に載せる人も出るなど，少人数ゆえの仲間同士のつながり，信頼が強固になってきた．

　前年度リーダー的役割をとっていた3人のメンバーが一挙に抜けた穴を埋めるかのように，d子氏が頭角を現わしてきた．グループというものは，スタッフが前面に出て引っ張らなくても，必ずだれかがリーダーとしての役割をとってくれるものだという信頼感も，この時教えられたことであった．

2）ミーティングを通しての関係性の深まり

　何回も死のうと思ったが死ねなかった．なぜ生きていかなければならないのか，その意味がわからないというテーマが出される．自殺未遂をしたメンバーもおり，この問いかけに対して「生きがいとは何か」というテーマでの話し合いが3か月続いた．また，ミーティングが続いていく中で，担当者は当時発行されていた「生きがいについて」（神谷美恵子著　みすず書房）の本を紹介し，この本の感想も踏まえつつ深まりのある話し合いになっていった．その結果として，自分の内面のみならず，それぞれの生き方，考え方を互いにわかり合う時間を持つことができた．

（1）ミーティングその1
　　g子　今思うと甘えがあったんですね．自殺未遂してみんなに可愛がってもらいたいというか．
　　田口　死ねば解決するということも含めて甘いという……
　　g子　そうですね．でも死ねなかった．死んでも解決にならないんですね．生きていて解決するという気持がないと．でも何で生きていかねばならないのかと……

i子　始めは台所の仕事でもお釜だけ洗って終わりということだったけれど，母と一緒に努力して．母が亡くなった後から全部やれるようになりました．
　谷中　g子さん，どう感じた……
　g子　生きがいを持てばいいのかなって．（略）
　d子　他人から見たら何をやっているんだろうと思われても，自分としては充実して過ごしていると思いますね．
　f子　自分の身を処理したいと思っていて，生きていたいとは思わないですね．ここへ来ることだけが生きがいだし，どう道を切り開いていったらいいのかわからない．
　S男　答えになっているかわからないけど，生きがいって発見することだと思うんだ．前と比較しないで別の道を見つけていくことだとね．

(2) ミーティングその2
　m子　母を見ていると張りのある生活って何だろうと一言で言える．皆が自分を必要としているという気概だと……
　d子　今まで生きてきたことに肯定的になれるのは，あまりにも今までが不幸だったから，しっかりした人間になろうと思って．不幸が幸せになるように，負けてなるものかと．少し自分を信頼できるようになったし，将来にばかり目を向けすぎずに，現実を大切にしようと……
　谷中　生きがいというものがあるのではなく，現実を大切にしていくという．

(3) ミーティングその3
　Y男　今の病気を治すことが自分の課題だ，そう思えた時執着できた．本の中に人生肯定論的な文章がある．（略）愚痴は生きがい

にとって敵だ．こういう運命だと受け入れてしまうと自由が生まれる．

　田口　生きがいって楽しいものとは限らないと思う．

　m子　でもその苦しみが生きがいとは感じられなかった．Y男さんのように病気を克服する苦しみを課題として生きていくような話を聞いていると，生きがいって努力する過程に生まれてくるものだってこと，つくづく感じます．

（4）ミーティングその4

　ゲストとしてかって中間宿舎の寮部門を利用し，現在住み込みで働いているメンバーを迎えてのミーティングもあった．彼は自分にとってのやどかりの里の持つ意味を語ってくれた．「現実のあり様を受け入れるところから始まる」というゲストの主張は，3回続いてきた「生きがい」をめぐってのミーティングの結論に達することになった．爽風会のメンバーは現在の病気の症状があまりにも苦し過ぎて，現実を受け入れることができにくいだけに，着実に現実を踏みしめて生活を送っている先輩の体験から得た意見は，爽風会メンバーを刺激せずにはおれなかった．

　当時は，かつて見知った仲間ならば活動の随所に参加することが自由であった．そして，こういう機会が増えることによって，仲間同士の助言の重要性がしだいに身近になっていく時期でもあった．

3）スタッフ・メンバー増加による危機と混乱，そしてその対応

　1974（昭和49）年度に入り，グループはさまざまな要因で危機にさらされていった．危機をめぐる対応の中で，グループはその凝集度を深めていったと言える．

（1）スタッフの増員とグループ開催日の増加による混乱

　この年（昭和49年）の春，スタッフの増員とグループ活動の開催日が増えた．これまでは，志村の担当していた作業グループ以外にグループ活動をしていたのは私が担当していた「爽風会」だけであり，それは週1回の開催であった．しかし，スタッフの増員により6月からは週5回の開催を試みることができた．しかし，グループが増えることが必ずしも内容を伴うものとは限らない．安易なグループづくりの結果，「学習教室」などというグループはすぐにつぶれてしまった．スタッフの増加は，これまでの密な人間関係に支障をきたしてきた．準備期に述べたように，難産の挙げ句に誕生したやどかりの里である．スタッフとして入るほうも受け入れるほうも，よほどの覚悟と時間が必要であったにもかかわらず，精神保健に関する啓発活動を地域に広げていこうという，やどかりの里の理想が現実よりも先行した時期であった．スタッフ間のチームワークの悪さは当然メンバーにも影響し，グループ活動（爽風会）も開催日が増えることによる新入会者の増加で，尾瀬山行に見られたような一致団結したまとまりが見られなくなり，散漫な，居心地が良くないグループになってきていた．

　私の担当していたグループのプログラムである新聞制作では，5，6名のメンバーで作っていたのが一挙に12，13名に増えて，新聞を作るには人数が多すぎて意見がまとまらないことも多くなってきた．また，活動日は違っても同じグループ活動なのだからという配慮で，他のグループメンバーから広く意見を求めようと新聞掲載の原稿を募集しても，期日までに集まらなかったりするなど，新メンバーと以前のまとまりのあったグループを経験していたメンバーとの間で，やどかりの里やグループ活動，活動の内容である新聞制作への思い入れの違いが顕著になってきた．

また，人数が多くなったため，メンバーの中には病状の不安定な人も参加するようになってきた．活動をしている傍らで勝手に毛布を出してグループ室で寝るメンバーも出てきたり，活動として1つにまとまらなくなってきた．朝来るのが遅くなる人が出てきて，午前中のグループ活動が機能しなくなるなど，総じてグループの所属意識，責任感が稀薄になり，グループ担当者としてグループ運営を見直すことが要求されてきた時期でもあった．

　こういう中でも，世の中の気運は少しずつではあるが，精神障害者に関心を持つマスメディアも出てきて，「県民だより」にやどかりの里が紹介され，入会希望者が20数名にのぼる月もあった．

(2) テスト期間の設置
　この年の夏〔1974（昭和49）年〕，グループメンバーが急激に増加したことによって，グループがまとまりをなくした．グループの危機に対処するためにとられたのが「テスト期間の設置」であった．
　これまでは，入会希望があるとすぐにグループ活動に入り，メンバーとして活動した．しかし，入会希望者が増加したことによって，希望者にはグループのことをよく知ってもらい，自分に合った活動内容や活動日を選んでもらうことを考えた．スタッフと入会希望者が互いに良く知り合う期間として，最低1か月をテスト期間と称し，可能な限り開催しているすべてのグループに参加してもらい，この期間に2泊3日の合宿を入会希望者とスタッフとで行うこととした．この方法は，グループへの所属意識ややどかりの里への関心を高め，またメンバー同士，スタッフとの関係を密なものにするのに有効な方法であったと思われる．
　後に，このテスト期間という呼称は「テスト」という言葉の感じが良くないというメンバーからの提案により，フレッシュマン期間

と改正された．

（3）全体集会の設置

　この年の秋〔1974（昭和49）年〕，グループ活動の運営に対して変革の兆しとも言える出来事があった．全体集会の提案である．週4日開催していた作業部門でのミーティングで，塵芥の焼却方法が話題にのぼったのがきっかけであった．当時週6日開催のグループ活動「爽風会」，4日開催の作業部門合わせて総勢約30名のメンバーが出す塵芥の量はかなりのものであった．これまで，その始末はスタッフの仕事になっていた．作業部門担当の年配の志村が，自分たちの出した塵芥を毎朝片づけているのを見たメンバーが「塵芥焼却ぐらい自分たちでやっていこう」と提案し，そのために「爽風会」と作業部門との合同の話し合いを持ちたいと提案してきたのである．「爽風会」はその提案を受け，ただちに全体集会の必要性とその時期を話し合い，日時が決定されていった．それまで，同じ建物の中で活動しながら寡黙で受動的なメンバーの多い作業部門と，活動的なメンバーが多く，プログラムの中心をレクリエーションやミーティングに置いている「爽風会」との交流は稀であった．

　当日は，作業部門と「爽風会」双方から司会を出して開催されたのであるが，メンバー同士の自己紹介から始まったのを見ても，いかに交流が少なかったかが伺える．司会のメンバーは「どうやったら，われわれがスタッフの代わりをすることができるのか，皆で考えたい」と口火を切った．塵芥袋の節約のためみんなで自宅から持って来ようというメンバー，危険物の始末や焼却は自分たちでやろう，などとグループの役割分担などが決まっていった．さらに，「爽風会」メンバーより，作業部門との交流を深めるために旅行やバレーボール大会などをしてはどうかと提案された．結果として，それぞれのグループが企画を公表し，参加を自由にしていくことが決定さ

れた．

　この全体集会終了時，スタッフの谷中からこの集会を継続していくかどうかが問われ，全員続けていく希望を出した．さらに，谷中は「爽風会のような対人関係改善を目指すグループ活動と作業部門を区別して考えたくない．全員トレーニング中の人と考え，全体で動く時は，この全体集会を利用して皆で決めていって欲しい．そのため，各グループより世話役を出して，この集会を運営していく方向に向かって欲しい」という要望を出した．

　この世話役が後のグループ活動メンバーによる運営委員である．運営委員がグループの運営を担うようになっていくが，この「世話役を」という提案は実にタイミングの良い提案であったと思う．自然発生的に生じた全体集会という自治運営の兆を，それだけに終わらせずに持続させ，内容の伴ったものにしていくちょっとしたアドバイス，それがグループ活動に携わるスタッフの役割であろう．「まさにその時」という機を捉える感性が必要とされること，そして，時には恐れずにこちらからの要望も投げ込んでいくこと，グループワーカーとして出過ぎず，退き過ぎもせず，早過ぎても遅過ぎてもならず，グループの力量が伴ってきたまさにその時に，ちょっとしたアドバイスを投げ込むことによって，グループは1回りも2回りも大きく成長していく．この全体集会の後始末のつけ方から，私自身はグループワーカーとしての1つの方向性を学んだのであった．

（4）社団法人「やどかりの里」の運営に参加する兆
　この年〔1974（昭和49）年〕の夏から秋にかけて，上記のようにいろいろなグループ運営の工夫が成果を上げたのか，メンバーもスタッフも大人数のグループに慣れてきたのか，グループの雰囲気はだいぶ落ち着いたものになってきていた．したがって，メンバーと

スタッフとの関係性はより密になり，メンバーはやどかりの里での運営に目を配るメンバーも出てきた．そんな中でスタッフの給与の遅配などということも話題になり，そこから広がって，昼休みなどにやどかりの里の現状について事細かにメンバーから聞かれることが多くなってきた．やどかりの里が社団法人の法人会費で成り立っていること，しかも，その会費収入が予想をはるかに下回る上半期の決算であること，このままの状態で運営していけるか危ぶまれる状態であることなど，スタッフは聞かれるまま率直に語ることが多くなった．この動きはグループに大きな波紋を投げかけた．県や市がなぜ助成をしてくれないのかという問いかけから，メンバーの間では医療施設でないやどかりの里の意味について考える機会が否応なく与えられたのである．

このまま存続させるか否かを会員に問うところまで財政的に追いつめられ，1974（昭和49）年10月21日に臨時総会が開催された．「このままでは来年度にはやどかりの里は廃止に追い込まれるであろう」というスタッフからの説明に対して，家族から「やどかりの里は必要である．存続のために立ち上がろう」と発言され，メンバーからも「メンバーもできるだけ社団法人の会員になろう」と提案された．

この臨時総会での決定事項についてグループの中で話し合い，その中でやどかりの里のあり方が明確にされていった．

① 法人会員になることについて－財政面への関わり－

m子 自分の問題として会員になるべきだと思う．保護されるのでなく，社会人としてやどかりの里を利用しているのだから．

谷中 法人会員になるということは，理念的に言えば，爽風会の会員と言えども一社会人である，病人としての延長線上で捉えてもらうのではない，患者さんという扱いをここではされないし，して

欲しくない，という意志表示の1つだと受け取っている．

② グループの意味について－活動面への関わり－

D男 （自主的にやっているグループとそうでないグループとでバラツキがあるので）僕たち新人が入ってきた時，そこに乗っていけば良いというレールのようなものがあって欲しいという気持がある．スタッフの組織自体が先にあってほしいと思う．先生たちはそれなりの専門性を持っているのだから．グループに対してもスタッフの見解が先にあって欲しいと思う．

谷中 今の発言は大変重大な指摘です．スタッフが決め，スタッフが枠組の中に入れるのでなくて，グループメンバーの皆の意志で決めていくことで，始めて皆の活動になる．それには時間がかかります．

F男 僕もグループに入った時，何もあてがわれない，指示されない活動に疑問を持ったけれど，ここでは自分でやろうとしないと何も動けなくなるって感じたんです．積極的に動いていかないと皆に取り残される．そんな中から，自分で考えて活動していくという考えが育ってきたように思います．（略）

谷中 スタッフもメンバーと一緒に考えるということです．あらかじめこれをやりましょうというスタッフの意図はありません．

田口 こちらで枠組を持って活動すれば，プログラムはうまくいくとは思うんですけど，みなさんの苦手とする自主性，自発性というところに接近していかなくてはいけないと思っているし，自分の意見を出していかないと人間関係はうまくいかないと思う．その辺の克服がこの活動の主な目的だと思う．

このように法人の財政危機のための臨時総会の決定をめぐる話し合いは，やどかりの里の理念，グループ活動のあり方をめぐっての

ミーティングとなっていった．しかし，個々がグループ活動をどのように受け止めているかということが，やどかりの里への関わりを明確にしてくるし，「あるから利用しているやどかりの里」から「自分たちで作るやどかりの里」という意識の変革も芽生えてくるのであろう．また，こうした話し合いの中で，スタッフもメンバー・スタッフ間の関係を改めて見直す契機となっていった．

(5) 合宿の設置

　マスコミの紹介により入会を希望してきた人も秋には一段落してきた．しかも，1974（昭和49）年度の秋までの半年間，入退会者が相次ぎ，爽風会全体のまとまりが欠けていった．グループ活動のプログラムの増加，メンバーの増加による交流の乏しさを打開するために，グループを担当していたスタッフたちはこの解決の糸口を，生活の場面を共有すること，すなわち，合宿に見出そうとした．その際参考になったのは，新人メンバーに対するテスト生合宿がその後の仲間意識に有効であったという事実であった．

　「テスト生の合宿では，同じ病棟に，同じ時期に，同じ主治医という状態で入院していた人がここで出会っても，お互いの表面的なことしか知り合っていなかった．同じ病院でさえこういう事態ならば，違う病院からここに来ている人はもっとお互いに知らないであろう．昼間の活動だけでお互いを知り合うのは限界がある．グループ活動のまとまりを補う意味でも，生活場面を長時間共有する合宿を行っていってはどうか」と，スタッフは全体集会でテスト生合宿の模様を伝え，提案した．この提案はグループのまとまりを補うという目的で承認され，実行に移された．

　1974（昭和49）年12月，やどかりの里のいつものグループ活動の部屋を使って，7，8名ずつ2班に分かれて，1泊2日の合宿が行

われた．集まって最初に行ったのが自己紹介であった．気心のわからない者同士ではあったが，就寝後は布団の中でちょっとした修学旅行のように，枕を抱えてのおしゃべりに花が咲いた．

　合宿終了後の全体集会では，親睦を深めるという点では目的は達成できた，特に新人が入った時はこういう合宿を大いに利用したほうがなじみやすいのではないか，とメンバーから提案され，今後毎月1回月例合宿として取り入れていくことが決定された．

　年度末には2泊3日の合宿を，定期合宿と称して，遠出をして行った．旅馴れぬメンバーも多い中，全体集会から始まった運営委員がしだいに力をつけてきており，月例合宿の効果もあったのか，とどこおりなく進められていった．

　この発展期は，さまざまな側面においてまさに流動的な日々であったと言える．尾瀬山行でグループ担当者であった私は，自らの姿勢を問われ，その気づきと反省から出発した．やどかりの里そのものも，地域ケアの理想を掲げて活動を展開したものの，それを支えるだけの財政的基盤が追いつかず，運営面での困難に直面した．一方，グループ活動においては，地域ケアの胎動期であったためか小さな活動もマスコミに取り上げられ，メンバーの出入りが多くなり，活動が活発になる一方で混乱が見られた．それに伴う困惑，混乱の収拾のために，メンバーもスタッフも一丸となってそのために知恵を出し合い，危機を乗り切ろうと努力した．その一丸となった努力は，しだいにやどかりの里財政再建にも向けられるようになっていくのである．

　こうして，単なるグループ活動の利用者という意識からともに活動を担う人へとメンバーが変化していくという，次期「成熟期」への片鱗を垣間見せつつ，まずはメンバーの足元を固めていったのが発展期の特徴であった．

3．成熟期　1975(昭和50)年～1978(昭和53)年
　　－グループ活動自主運営への過程－

　本節は財政的危機をバネとして，グループが成熟していく様子を記すことにする．まず，メンバー同士が，グループ活動をスタッフの手を借りずに自主的に運営していくようになる過程と，精神衛生啓蒙活動を地域にくり広げていく担い手となる活動を述べ，さらに，さまざまな出来事を契機にくり広げていった模様を紹介しながら，グループの成熟期とはいったいどのような有り様を呈するのか，その一端を紹介する．

(1) 5周年記念セミナーの反響
　1974（昭和49）年秋からの社団法人やどかりの里の財政危機は深刻さを増して，法人会費再納入の依頼も，この年の春のバザーの収益金も，500万円という赤字の前には焼け石に水のようなものだった．この危機を乗り越えることはできないだろうと判断した常勤職員4人と当時常務理事であった創立者谷中は，「どうせつぶれるなら，その前に5年間の報告をしよう」と決意した．5人はそれぞれにこれまでにやってきたことをまとめ，5周年記念セミナーと称して1975（昭和50）年7月，公共施設を借りて開催した．メンバー，家族を中心とした多くの参加者があった．セミナーの最後にやどかりの里の今後について問われた時，「このままでいくと後2年で完全につぶれる」という谷中の発言は，特に爽風会のメンバーに大きな反響をもたらした．

　セミナー終了後，メンバーはそれぞれに「自分にとってのやどかりの里」を考えていった．その結果，火曜グループ（創設以来週1

回新聞活動を中心にしてきたグループ．グループが増えるに従って名称を開催曜日の名前を取り，火曜グループと呼ぶようになった）においては活動の中心である新聞「爽風」7月号の編集会議において，このセミナーの模様を取り上げ，問題提起をすることになった．この5周年記念セミナーは，その後第1回精神衛生実践セミナーとして位置づけられた．

（2）新聞「爽風」を利用してやどかりの里の意味を伝える

　7月号の制作の前に，このグループは新聞活動というものを見直す機会が与えられていた．

　1975（昭和50）年1月，新聞を編集することの意味がわかっていない，と新聞の読者であった某病院のワーカーから指摘された．「ほんとうに他人様に読んでもらいたいと思って作っているのか．仲間同士の情報交換が主なのか．もし，前者ならば読みやすい編集を心がけるべきだ．読んでもらうにはそれなりの体裁というものがあるはずだ」という進言であった．この言葉は，私が新聞活動に関わって以来ずっと持ち続けてきた葛藤であった．皆の活動として皆に参加してもらうということに主眼点があれば，たとえどんな読みにくい文字でも，どんなつたない文章でも「関わる」ということに意味が出てくる．一方，多くの部外者にも読んでもらい，感想をもらうとなると，当然見やすさ，発行期日というものを大切にしなければならない．

　新聞の位置づけ，グループのあり方を再確認・再検討するために時間をかけて話し合いを持ち，送付していた朋友の会メンバー（爽風会を終了したメンバーたちの当事者活動の会），家族にも意見を聞いてみた．両者とも以前はもっと身近なテーマが多く，書いた人の顔が見えていたが今はそれがない，何か表面的になってきている，

という意見が多かった．

　年度が変わり4月の時点で，新聞制作に追いかけられるような活動であったこと，発行後の反省がない，新聞制作は慣れが要求されるので，新人が入った時の導入の問題，年間計画を立てる編集方針の検討，活動にレクリエーションも取り入れたい，などと多くの振り返りがなされた．メンバーの発言を聞いて私は「苦しんで発行しても意味がないから，今年からは発行回数にこだわることをやめよう」と提案した．期日より内容を充実していこう，やどかりの里のグループ活動を代表した新聞などというものではなく，その中の1つの火曜グループの活動として，「爽風」という新聞があるという程度にとどめようと話し合われた．今年度の方針として，まずは心の中の問題を思いっきりぶっつけられる新聞にしていきたい，ということで特集が組まれ，火曜グループ全員が各自の心の問題について原稿を書いてくることになり，その原稿をめぐって1日中ミーティングが続けられた．5月は週1回の活動日がすべてミーティングに明け，ミーティングに暮れる毎日であったが，メンバーは積極的に関わっていった．6月「心の問題特集」と称して3か月かけて冊子型の新聞が出来上がった．やはりメンバーが発案したものであり，各自に共通する問題であってこそ，こうしたメンバー自身の深い関わりができてくるのである．そしてメンバー自身が編集の腕を見せ，読みやすく整理されたものにもなっていった．

　当時は原紙に鉄筆で書き，謄写版印刷をするという時代であった．しかし，かなりのハイペースで原紙を切っていき，新人メンバーも巻き込んでチームワークの良さを発揮し，3か月の予定を2か月で仕上げてしまった．新聞制作は紙面の充実に的が絞られたところから，メンバーの意欲の高まりとともに，メンバーの自主的な関与のもとに充実した作品が作られていった．

こうしたところにタイミングよくやどかりの里の危機問題が目の前に突き出されたと言えよう．したがって，この新聞「爽風」を利用して自分たちの状況を，自分にとってのやどかりの里の大切さを，外部の人々に訴える手段として使っていこうという考えは，まとまりや成熟への兆しを見せ始めたグループとしては当然のなりゆきであったと思う．
　掲載された記事は，いずれもやどかりの里の存続の必要性，やどかりの里の存在の意義，存続させるためにメンバーは何をするべきか，といったものであった．

『－やどかりの灯よ，いつまでも－
　セミナー終了後久しぶりに４人で喫茶店に．２時間程，数か月ぶりに，しみじみと話をした．皆それぞれ立場は違うが，一生病を持って歩んで行くものとしては，果たしてやどかりの灯が消えて，私たちはやっていけるだろうかということ，もし，やどかりがなくなったら私たちはどうなるのだろうかという不安，そんな話だった．財政上の危機を言われて久しいが，会員獲得には私たちメンバーも，もっと真剣に取り組まなければならないのではないか．今のように，スタッフにおんぶしていていいのだろうか．今，大きな決断と勇気が，メンバーに必要のように思うのだけれど……』

　この１人のメンバーが寄せた原稿は，その後のメンバーのみならず，スタッフを含めたやどかりの里のあり方を示唆するものが多く含まれている文章である．やってもらう，やってあげるという従来の福祉のあり方を，当事者自ら問題提起しているものである．これまでも，やどかりの里自体そのようなあり方に疑問を持って出発したのであるが，今振り返るならば，スタッフが先走りしていた点は

否めなかった．この危機がほんとうに「当事者の手による当事者の活動」としてやどかりの里を見直していく出発点であったように思われる．

この問題提起から続けて，メンバーの関心はやどかりの里の財政の動向にあった．したがって，機関紙「やどかり」を読む人も増えてきているようで，スタッフの給与遅配の状態，赤字の状態などがグループの中で話し合われることも多くなっていった．年度始めに立てた年間計画は「心の問題特集」以降大幅に変更され，7月には危機への呼びかけ，8月は「親の言い分，子の言い分」として，まずは家族がどのようにこの病を捉えているか知りたいということで座談会を開催した．そして，発病ということは自分だけでなく，家族をも危機に陥れるものだということが実感できていった．

見やすくするために，冊子型の文集形式が定着していった．テープ起こしなどたいへんな作業をくぐり抜けながら，16頁の大作を編集に1か月，作成に1か月，計8回の活動でやりとげたのであった．そして10月，新聞を担当する火曜グループはグループ活動に所属するメンバー全員に集まってもらい，自分たちで財政危機を支援できる方法について話し合った．その結果，火曜グループに限らずみんなの体験を新聞「爽風」に載せ，やどかりの里の必要性をみんなで書いて訴えること，それはメンバーにしかできないことではないか，第三者に配って関心を持ってもらう，それをやることによって，やどかりの里を自分たちの手で守っていくことになる，という意見が出された．その話し合いを引きついで，新聞の編集会議では，火曜グループとしては新聞活動を利用してやどかりの里の存続のために活動しよう．編集方針としてはやどかりの里をつぶしたくないというところに視点を置き，メンバーの生の声，家族の声，現在の精神医療の実態などを載せていく．これは社団法人の会員全員に送りたい．また，会員獲得の手段にしていこうと決定された．ほとんどス

タッフの介入はなくなり，編集会議はほんとうの編集会議らしくなり，手早く原稿依頼がなされたのであった．テーマは「やどかりの里と私－存続を願って－」と決定された．11月はバザーに活動の多くの時間が変更されたにもかかわらず，12月には完成し，各方面に配布された．やどかりの里を知ったきっかけ，通所している今とそれ以前の気持ちの変化，自分にとってなくてはならないものとして，発病からの経過を書いた人，メンバーのみならず家族4名，保健婦，ボランティアなど今までの新聞活動には見られない人々から原稿を集めるなど，編集に対しての視野の広がりを見せるものであった．

さらに年度も押し迫った2～3月号では，「やどかりの里の存続をめぐる活動の中から」という特集号を組んだ．前号を発行して以来，バザー，報道取材などさまざまな外側からの接触があった．火曜グループを始めとしたグループ活動を利用しているメンバーの気持ちは一致していたものの，すでにグループ活動を終了してそれぞれの道を歩んでいるソーシャルクラブ（朋友の会）メンバーとでは，外側への活動に対しての関心の持ち方が異なっていた．いわゆる現在やどかりの里に通所していない人に「存続危うし」という緊迫感が伝わらないことへの通所中のメンバーの不満，さらには，メンバーがそこまで取材に協力するのはスタッフの考えに引きずられているのではないかというソーシャルクラブのメンバーの発言に，怒りを持った火曜グループは前述のような特集を組み，存続を願って外に向かって立つ自分たちの気持ちを整理していった．そして「偏見があると言って騒ぎ立てている自分の中にこそ偏見があった．みんなの原稿を読んでいて気づかされた」という感想は皆の一致したものであった．

増刷まで出した「心の問題特集」，「親の言い分，子の言い分」，

後半のやどかりの里の存続を巡っての特集2号．この1975（昭和50）年度という年は，1972（昭和47）年にグループ活動が発足して以来新聞制作を活動プログラムとしてきた火曜グループが，それまでに培ってきた力をみごとに開花させた時期であった．その蔭には，赤裸々に心の悩みをぶつけられた「心の問題特集」がすべての基礎になっていると思われる．自分の弱さ，生活のしにくさを徹底的に振り返ったことが，メンバーに新たなエネルギーを注いでくれるきっかけになったのではないかと思う．考え，文章化し，互いの考えをミーティグによって影響し合う作業は，火曜グループのまとまりを強固なものにしていくのにも一役買ったと言える．こういうメンバー自身のやどかりの里への思いの活字化は随所で啓発のために利用されていった．

(3) バザーへ向けての団結・協力

他所からの助成金を当てにせず，自力でやどかりの里を守っていこうという姿勢の表われとして，社団法人やどかりの里の会員たちはさまざまな委員会を組織していった．その中にバザー委員会があった．前述した新聞発行とともに，グループ活動を利用しているメンバー全員がバザーに対して全面的な協力をすることになり，運営委員が中心になって独自のスケジュールを作り，自分の参加していない曜日でも手の空いているメンバーはバザー活動に参加するよう呼びかけていった．その際，メンバーから体調を崩さぬよう皆自分の力を考えてやっていこう，という発言がなされたり，スタッフ抜きの活動が徐々にくり広げられていった時期であった．バザー委員会からの「50万円目標」に鼓舞されたかのように，古着の整理，値段つけ，手芸品作成，ポスター書きなど，グループ活動室のみならず，あちこちの部屋を駆け回るメンバーの姿には，やどかりの里存続への熱意が滲み出ているように思われ，普段の活動よりも生き生きし

ているように見えた．束の間のお茶の時間に「やどかりの里っていいところですね．最近ほんとうにそう思います」としみじみ語るメンバーもいた．メンバー自身のつけている個人ノートに「存続」という言葉が頻繁に現われてくる11月だった．11月はグループ担当者の記録がない．記録をつける間もないほどの忙しさがスタッフへの依存を弱め，結果としてグループメンバー自身の自立につながっていったと言える．給与遅配のスタッフからはおやつ代をもらわない，毎月出している機関紙「やどかり」については，手渡しできる人へは封筒を節約しよう，などという涙ぐましい提案がメンバーから出されてきた．1つ1つは大した経費節約にはならないものの，こういう姿勢は「自分たちのやどかりの里」という考えが顕著に示された結果と言える．

　当日はメンバーに加え，その家族，会員も参加し，会計に，販売に汗を流したのである．終了後「50万円の目標は達成した」というバザー委員の報告に，いっせいに歓声が挙がり，中には涙ぐむメンバーもいた．
　バザーに明け暮れた2か月，その感想をメンバーは次のように述べている．

『……10月中旬からグループ活動の目標をバザーへと焦点を絞り，活動を変更して準備にあたっていた．マスコミでもバザーのことがとりあげられ，緊張の度合いは日増しに増していった．バザーの前日，大宮は豪雨に見舞われた．しかし，会場まで品物を雨の中運ばなければならなかった．道路は雨で水を被り，泥濘とかし，リヤカーで運ぶ作業は困難なものだった．そこには，スタッフも朋友の会の人も，爽風会のメンバーも何も無く，目的に向かって一体となっていた．……当日は，青空の見えるよいお天気だった．僕は緊張しな

がらひたすら成功することを祈っていた．翌朝，読売新聞の埼玉版に「やどかりの里バザー盛況」と掲載されていた．それを見て本当にほっとした』

(4) 合宿の定着

　1974（昭和49）年暮れから月に1度，2泊3日の合宿（月例合宿）が行われるようになった．さらに3か月に1度は遠出をする合宿（定期合宿）が定着してきた．

　月例合宿はやどかりの里の中の宿泊施設を利用して，始めは新人を対象に仲間づくりを促進するために始めたものである．しかし，1975（昭和50）年夏から1年間，財政難のためいつ潰れるかわからないところに新入会者を認めるのは無責任ということで，入会をストップした期間があった．その時期は生活リズムをつける必要のある人，家族分離の必要な人，または親睦のために泊まる人などが合宿に参加した．定期合宿はメンバーの楽しみの1つであり，どうしたら軽費用で変わった所に行けるか，合同ミーティング（1974年に初めて行われた全体集会は合同ミーティングと改名された）で役員に決まったメンバーは，計画から実行まですべてを行うまでになっていったのである．

　1975（昭和50）年3月，初めての定期合宿が国立赤城青年の家（群馬県）において2泊3日で実施された．雪のちらつく広大な敷地の青年の家を，5分前には集合するというきついタイムスケジュールで走り回るメンバーの姿が見られたが，前年の10月から設けられた運営委員が力をつけてきており，メンバー間の助け合いによって1人の落伍者もなく終わることができた．

　1975（昭和50）年6月，長瀞青年の家（埼玉県）において定期合宿を行った．この合宿には状態を崩したソーシャルクラブのメンバーの特別参加があった．当時はグループ活動全体で合宿が行われると，

少ないやどかりの里職員は全員同行せざるを得ず，やどかりの里は閉館という状態になってしまう．ソーシャルクラブのメンバーで，状態を崩して連日やどかりの里に通って，体調の立て直しを図っている単身生活者などは行き場がなくなってしまう．アパートに1人こもっているよりはいいだろうということで，グループ活動のメンバーの了承のもとにいっしょに合宿に出向いたのであった．彼は合宿中幻聴に左右されつつも仲間に迷惑をかけまいと，興奮を静めようとして1人水風呂を浴びていた．そのような時間外の浴場使用をそっと見守っていてくれる青年の家の所長の好意は，私にとっては何にもまして有り難かった．

　努力をしながらもチームワークのとれない行動をとってしまう彼は，随所でメンバーに迷惑をかけてしまうことも多かった．そのことをめぐって合宿後反省会で話し合われたが，メンバーからは迷惑をかけられたということよりも，状態の悪いメンバーに対する理解や共感が示されたのであった．

　そして11月，バザーに明け暮れるあわただしい中，息抜きも兼ねて伊豆湯ケ島の国民宿舎で1泊2日の定期合宿を行った．アルコールも入り，それぞれに歌を歌ったり，和やかであった．部屋割りもその場で適当になされたものの，だれも取り残される人はなく，逆にスタッフだけが取り残されるという結果になった．人数の空いている部屋に入っていくと，みんな盛んに病状の話をしていた．存続に向けて結集してきたこの期間，メンバーの仲間意識は自分の裸の姿を躊躇なく出せるまでになっていたようだ．こだわりのない和やかさとはこんな雰囲気を言うのだろうかと思うと同時に，1年前のグループの状態が思い出された．財政難の報道により，やどかりの里の存在を知った人々が利用したいとやってきて，入退会者が相次いでばらばらになってしまっていたグループの状態が，1年かかってようやくここまでまとまってきたと感慨深いものがあった．1975

(昭和50) 年5月を最後に約1年間, いつ潰れるかわからない状態ではということで入会者を断っていたため, このクローズされた時期のメンバーの団結力は, その後のグループ活動ややどかりの里全体に, 大きな影響力を持っていったのである.

この合宿制度はグループ活動が消滅するまで, 毎月やどかりの里で行われるものを月例合宿, 3か月に1度遠出をするものを定期合宿と名づけられて継続していった. そして, 次に述べるメンバーによる運営委員によって, 計画から先方との交渉まで自立的な運営がなされていくようになっていった.

(5) 運営委員の充実

1974 (昭和49) 年10月に塵芥の焼却という些細な問題で全体集会が開始された時, メンバーの中から半期交替で, お世話係として運営委員が選出された. その後全体集会は合同ミーティングと名称が変わり, スタッフの人員削減に伴う人手不足を補うかのように, グループのまとめ役として上記の合宿を始め, 経済基盤再建のために職員といっしょになって活動してくれた. しかし, このような動きは1975 (昭和50) 年春から約1年間入会者を中断し, その間メンバー間の結束が強化されたということが大きな要因になったと思われる. そしてバザー, 合宿の運営にその力は発揮された. 遠方に出かける合宿の時も「わからないことがあったら運営委員に聞いてください」という言葉が運営委員自身の口から出るようになっていた. かつては「スタッフに聞いてください」と言うところであるが, 計画から交渉までのすべてを自分たちの手でやってきている自信が, このような言葉となって表われてきたものと思われる. その他, 1976 (昭和51) 年度になり, ふたたび新メンバーを迎え入れることになった時, 運営委員の力はさらに強力に発揮されてくるようになった. 入

会者はフレッシュマンという入会準備期間を2,3か月経験し,本人の入会の意志がはっきりすると合同ミーティングの場でスタッフが推薦し,本人が入会したい旨を伝え,メンバーの了承によって正式にメンバーとして認められた.この方式は1975(昭和50)年4月から試みられていたものの,当時は名目上の審議であった.しかし,間もなく入会者をストップしたという経緯があった.1976(昭和51)年8月,久しぶりに入会希望者3人が合同ミーティングにかけられた.1年間グループへの入会者を中止し,固定されたメンバーでやどかりの里の財政立て直しに,自ら主体的に関わってきたメンバーたちは,グループ活動を自分たちのものとして捉える自覚が生まれていた.もはや形式上の審議は払拭されていた.運営委員が中心になり,スタッフの推薦などものともせず,仲間としてやっていく条件を上げ,さらに準備期間中に仲間の和を乱すような言動が頻発していた人に対しては,鋭い意見が飛び交ったのである.

「あなたのなんでも自分が正しいと思っている態度が気になった.互いに持ちつ持たれつでやっているのだからその辺を考えてほしい」

「このグループはいたわり合って成長してきたグループ,そこへ入るのだから仲間を攻撃するような気持ちを持っていてはやっていけない.いたわる気持ちを持っていないとグループ活動はやっていけない」

ともするとこの種の内容は弾劾になりかねない.しかし,自分たちの仲間に必要な条件を上げ,それを確認していく作業は,時として急進的になったとしても,通り抜けなければならない関門であった.入会時の審議だけでなく遅刻,早退に寛容であったメンバーが,その理由に納得しなければ,それを認めないということも出てきた.自分たちの会なのだから自分たちの手で運営していく.そのためには仲間としての確認がなければやれないとする姿勢が,この1年間のさまざまな出来事を通じて芽生えていったものと思う.

1977（昭和52）年度には自立への意識はさらに強くなっていき，長らく続いていた任期半年間を1年間に切り替えた．そして，合同ミーティングは6人の運営委員で完全に切り盛りされる一方，月2回運営委員会が設けられ，グループ担当スタッフとの会議を持った．しだいにこの運営委員会はグループ運営の先取りをしていく場になると同時に，新入会者のグループへの導入対策を考える場ともなり，時として運営委員の要求により，ケースカンファレンスの様相を帯びる会ともなっていった．われわれスタッフは相当な覚悟を持ってそれに応える姿勢を取った．自立的運営を要求しつつメンバー理解への情報を渡さないスタッフの矛盾をメンバーに突きつけられたとも言える．率直なところ，もし運営委員の1人が具合悪くなった時，運営委員会で自分のことが語られていることを考えたとしたら，どのような反応を示してくるだろうか，それも被害的な状況で現われてきた場合など，スタッフが危惧することは多かった．ケースカンファレンスをやることで問題が起きてきた時には，いっしょに考えていけばいいのだという当たり前の考えも，当時は相当な覚悟を要したのである．スタッフが決断した背景には，経済的危機を契機に，やどかりの里をともに担っていく仲間としての数々の活動を通じて結ばれた，強固な信頼関係があったからこそ可能となったと考えられる．なぜなら翌1978（昭和53）年度，グループに2年，3年と籍を置き，グループ活動を通して力をつけたメンバーがそろってグループを終了した後の運営委員会は，文字どおり合同ミーティングを運営するだけの役割を担う会になっていったのである．

しかしながら，約1年間続いたこのケースカンファレンスに対して数年経過した時，運営委員の中でもリーダーシップをとっていたあるメンバーは，
「自分がメンバーなのかスタッフなのか自分自身の中で中途半端

になって苦しんだ」
と語った．さらに，もう1人の運営委員でやどかりの里の理事でもあった人は，1978（昭和53）年3月，グループ活動終了と同時にやどかりの里を去って行った．

「やどかりの里は外に向かい過ぎている．行事が多過ぎて，それをこなしていくと自分の生活の基盤がおろそかになってしまう」
というのが理由であった．それに対して，行事を通して社会との関わりを学ぶことも多いという仲間との議論も交わされたが，彼は十分にその議論の意味を理解しつつ去って行った．これからもやどかりの里をともに担ってくれる人だと期待していただけに私の失望は大きかったが，この事件は開設からグループ活動を担当してきた私に，これまでの自分自身の関わり方を見直す機会を投げかけてくれた．病院のデイケア廃止という混乱をくぐり抜け，やどかりの里の財政立て直しという大きな目標に向かってスタッフ，メンバーという枠を越えたつき合いをしてきたつもりであった．ごく当たり前のつき合いをし，要求し，要求される人間関係を彼らと結んできたと思う．このような考え方のすべてを否定するものではないが，負担となって跳ね返っていく場合もあることに気づくのが遅かったようだ．もちろん，その後もいっしょに活動してくれたメンバーも多かった．しかし，やどかりの里においてグループ活動を開始して5年目のこの年，私には気負いがあったのは確かである．

　グループとしての理想をこの年のグループに求め，その実現に向けて努力を重ねてきた．メンバーの手でグループを運営し，メンバー同士が互いに助け合えるという理想は，1977（昭和52）年度のグループ運営である程度の実現をみた．しかし，この理想実現のために1人のメンバーが犠牲になったことは，今もって痛みを伴う事件であったと言える．

（6）学習会

　1977（昭和52）年度は学習の年としての出発であった．1975（昭和50）年度からの財政危機を境に，経済的に自立していこうという目標を，メンバーたちは自分たちの活動の自立として受け止め，活動をスタッフに頼らないで，できるだけ自分たちでやってきた2年間であった．きっかけは社団法人やどかりの里の会員で組織された「存続させる委員会」の主催で，「やどかりの里の意味」についてグループ活動のメンバーが勉強会を持った時，メンバーから引き続き学習会を設けたいという要望が出され，それを受けて始まったものであった．やどかりの里がここまで歩んできた道を振り返ってみたいということで，1976（昭和51）年5月に発行された『精神障害と社会復帰への実践』（第1回精神衛生実践セミナーの内容を出版したもの）をテキストに月1回開催された．テキストの著者たちがそれぞれ講師になり1年間で7回開催された．最後の学習会では，財政危機に遭遇した爽風会メンバーの活動の様子を話し合った．その中で，財政危機の真っ只中で活動してきたあるメンバーは次のように語っている．

　「やどかりの里の受け止め方はメンバー個人個人によっても違うし，ましてや，どの時期にやどかりの里を利用していたかによっても異なってくる．やどかりの里は年々変化している．その中でやどかり流というものだけは変わっていない．それはスタッフがこうだとは決めつけないやり方，個人を尊重してくれる在り方である．スタッフもみんなも，普通の人と同じように接してくれている」

　やどかりの里を振り返り，グループ活動の歩みをたどったこの学習会の結論として，この発言は私たちスタッフにやどかりの里の意味を改めて考えさせた言葉であった．

(7) メンバー自主管理の出来事
　① 住所録作成について
　グループ活動メンバーは開設当初から，メンバーの希望でまったく何も躊躇することなく，伝統的に住所録を毎年作り替えてきていた．1974（昭和49）年，財政危機がマスコミに取り上げられ，やどかりの里の存在を知った人々が訪れ，入退会者が激しく落ち着かない時期，私の担当していた火曜グループ（新聞「爽風」を作っていたグループ）は，「メンバーの入れ替えが激しいから新しい住所録を作ろう」と提案した．しかし，入会して間もないメンバーから「悪用されたら困る」と反対された．今までそんなことを思ってもみなかったメンバーたちは反論する気力もなくなりそのままになっていた．それから約1年経過した1975（昭和50）年の暮れ，新聞，スポーツ，社会見学，ミーティングなどコミュニケーションスキルの上達を目指すことを活動の中心にすえているグループ活動のメンバーは，自己管理をしっかりすることを前提にふたたび住所録作成を提案し，受け入れられた．しかし，作業を中心としているグループメンバーは，必要がないからという理由で名前を載せるだけにとどまった．賀状のやり取りに，日常の連絡にと思って提案された住所録であった．活動プログラムは異なるにせよ，この年は財政危機を救うという目的でいっしょに活動してきたという気持ちがあっただけに，メンバーの中には複雑な思いを抱いた人もおり，私も同様であった．この住所録作成はグループのあり方を再考する契機になった．
　やどかりの里にはグループ活動が開始されて以来常に2種類のグループがあった．すなわち，コミュニケーションスキルを重視するグループと，手内職を中心とするグループである．両者の呼び方や位置づけはその時代によって多少の変化はあったものの，黙々と作業を続け，言われたことを言われたとおりにして自発的に動こうと

しない作業グループに，スタッフ間では常日ごろから疑問の声が上がっていた．作業グループは黙々と作業をすることが中心になり，人とコミュニケーションを図ることをおろそかにしているのではないか，電話をかけ合うことも必要としていない対人関係をグループの存在そのものが作っているのではないか，という疑問がスタッフ側に起こり，合同ミーティングにかけられた．両方のグループに参加した経験のあるメンバーは次のように発言した．

「作業をやっていると頭の中は何を考えていてもいい．もうひとつのグループに参加している時は1人で考えごとをしているわけにはいかない．人の話を聞かなければならないから辛い」

「作業は1人でやればいいから具合の悪い時は楽」

この発言はやどかりの里のグループ活動の理念である「対人関係の改善」を根本から再考させるものであり，何度も話し合われた後，1976（昭和51）年度から作業グループを廃止し，もう一方のコミュニケーションスキルを中心とするグループに1本化していったのである．たかが住所録として片づけられない大きな波紋を残した出来事であった．

② 鍵の管理

当時のやどかりの里は事務室と茶の間のある棟と渡り板でグループ室が続いている．従来9時前に職員が出勤して双方の鍵を開けるのが通例であった．しかし，1975（昭和50）年の経済的危機を契機に助成金や寄付，社団法人会員の獲得といった活動のために夜遅くまで勤務する状態が頻繁になっていった．さらに，事務職員が1975（昭和50）月12月に退職した後，その補充をする余裕もない状態であった．そこで考えたのが「グループ室の鍵はメンバーが保管してはどうか」ということであった．これならば，寒い時や雨天時でもメンバーはスタッフが来るのを待たずに部屋に入ることができる．

経済的，人的余裕のない結果としての苦肉の策から生まれたもの

とはいえ,「メンバーに鍵を託す」というこの行為は,「鍵」だけに終わらない深い意味を,その後スタッフ・メンバーに与えたのである.

その後やどかりの里では,当たり前のように地域に作った「憩いの家」の鍵がメンバーの自主管理になっていた時期もあった. 25年も前の状況の中では「瓢箪から駒」のような形で生み出された鍵の自主管理であった.

4. 終結期　1977(昭和52)年〜1978(昭和53)年
　　　ーグループ活動の枠を超えてー

グループ活動の終了に向けて準備をする時期である.今後の見通しを立てたり,今までの活動を振り返ったりという中で自分自身をもう1度見直すことを,仲間同士で自然にやり合う関係ができていく時期と言える.やどかりの里におけるこの時期のグループ活動は,やどかりの里の財政危機を立て直すために,終結期を先延ばしにしてグループ活動に取り組んできたメンバーが多かったという特徴がある.すなわち,成熟期の中に終結期が入り込んでいたグループ活動であったと考えられる.

この時期の主な活動として上げられるものに,メンバーの手によるセミナーの開催がある.

(1) メンバーの手によるセミナー開催

第1回の精神衛生実践セミナーが開催されたのは,1975 (昭和50)年7月であった.それはやどかりの里の終焉を予期したスタッフが,5年間の実績を皆の前に披露し,せめて記録に残して幕を閉じようとして試みたものであった.しかし,そこでの展開された特筆すべき出来事は,やどかりの里を再生させようというメンバー,家族の

熱意の発露であり，その熱い思いが1972（昭和47）年に始まったやどかりの里におけるグループ活動を，特徴あるグループに育んだと言えよう．

　当時やどかりの里で組織されていた各種委員会にメンバーも会員やスタッフとともに参加し，当事者としての意見を反映してきた．セミナー委員会において，あるメンバーは，

「第1回のセミナーでは私たちの声が抜けていた．ぜひ私たちの声も取り上げる機会を作る必要があるのではないか」

と提案した．時を同じくして広報委員会に参加していたメンバーからも専門家，家族向けの本はあっても，私たちが読んで役に立つものはない．自分の体験を本にして，病を持った人の手引きとなるものを作る必要があるのではないか，という提案がなされ，広報委員会ではそのことが話し合われていた．これらの意見をもとに，セミナー委員会主催で第2回精神衛生実践セミナー「やどかりの里と私」が開催された．これはメンバーが中心になっての企画であり，やどかりの里にとって初めての，メンバーの手によるメンバーの体験発表会であった．グループ活動のメンバー，そこを終了したソーシャルクラブのメンバーからそれぞれ話題提供者が選ばれ，合宿を重ね，周到な準備がなされた．打ち合わせ合宿で生々しい体験を互いに語り合った仲間は，

「やっぱり自分の過去を客観的に見られるようになると，過去のことを語るのは辛いんですよね．だからセミナーに興味本位とか実験の材料という態度で来る人はお断りしたい．同じように苦しんで歩んできた人たちに，私たちの話を聞いてほしい」

と語った．セミナー当日，冒頭でメンバーがこの旨を伝えること，および，話しやすいということを考慮して，参加者もやどかりの里社団法人会員50名に限るという方針が立った．1976（昭和51）年11月，セミナーは大宮市公民館で開催され，50数名に及ぶメンバー，

家族，医療福祉従事者，一般市民などの参加のもと，4時間にわたる熱心な討議がなされた．

このセミナーはその後「やむ心からの提言」（やどかり出版）という本にまとめられ，1978（昭和53）年3月に発行された．出版に当たってはメンバー2名，スタッフからは私が出版委員となって検討を重ねた．出版までの1年間，私を一番悩ませたのはセミナー委員でもあるメンバーの一言だった．それは，

「本にまとめる際には，発表者のプロフィールを書いたほうがいい．特に長いこと関わってきたスタッフが，メンバーをどう捉えているかを」

というものであった．しかし，私はメンバーの赤裸々な体験に匹敵するような，関わる者としての体験を書くことができなかった．

表向きには，プライバシー侵害になってはという危惧を表明しつつも，それが言い訳にはならないことを自分自身よくわかっていた．メンバーはプライバシーを公にしているではないか．そこで躊躇している私は何に躊躇しているのか．

病院でデイケアが廃止された後，メンバーとともに地域で次なる活動拠点をやどかりの里に求め，グループ活動を続け，さらには財政危機を打開しようとさまざまな活動を同志的感覚でやってきたと自負していたゆえに，私の受けた自分自身へのダメージは大きかった．四半世紀経った今，冷静に自分自身を分析してみると，1つ1つの事象，出来事に対して，その場，その場では「ともに」活動を展開してきたと言える．特に危機になればなるほどスタッフという立場性の意識は薄く「同志」であった．相互に「必要とする相手」であった．それがスタッフという肩書をつけ，本という形の中に，文字という形で相手を表現して欲しいと言われた時に，改めてためらいが出て来たのではないか．

「ともに」活動するということは意識してできるものではなく，必然性が起きた時，その必然性を感知した者が自然に行っている現象なのではないか．スタッフはスタッフとしての役目を持っている．その上でメンバーと「ともに」歩むことはどういうことなのかを，当時の私は言語化できるまでに成熟していなかったと言えよう．

後日，グループ活動とは離れたところでの雑誌づくりで，私は私なりにスタッフとしてメンバーと「ともに」歩むことの一文を書く機会が与えられた．これも，セミナー委員の一言によって，私が自分自身を整理する機会を与えてもらったからにほかならない．「ともに」とは相互に影響し合う関係づくりだと，今はやどかりの里を去っていってしまった彼女を思い出しつつ，私なりに整理できたことを感謝している．

このセミナー委員会は翌1977（昭和52）年10月，第3回精神衛生実践セミナー「社会復帰をめぐって－親の言い分，子の言い分－」を開催している．この背景には1975（昭和50）年8月，火曜グループの活動，新聞「爽風」で親子座談会を企画し掲載した．これが好評だったことも，このセミナー企画にメンバーが意欲的に関われたことが推察される．しかし，このセミナーを最後に，セミナー委員会におけるメンバーの関わりはしだいに減少してきたように思う．

1978（昭和53）年3月，財政難の疾風怒濤の中を活動してきたメンバーがそろってソーシャルクラブに移り，私もともにグループ活動の担当を去ったことは，やどかりの里におけるグループ活動の1つの時代に終わりを告げたことでもあった．

（2）冊子の販売

財政危機打開のためにメンバーが考えたのは，新聞活動を利用して財政確保をメンバーなりに試みるということであった．使われた

のは新聞「爽風」を冊子型にして，定価をつけて販売するということであった．当時，公的なリハビリテーション施設として活動していた神奈川県川崎リハビリテーションセンターを訪問した記事を，また，全国の社会復帰活動をやっている人々の集り「全国交流集会」への参加記事を編集し，ともに「社会復帰をめぐって」と題する冊子を発行した．1977（昭和52）年9月川崎リハビリテーションとの対話，1978（昭和53）年2月全国交流集会に参加してである．300円，500円という定価をつけ，自ら研修会，講演会で販売することへとつながっていったのである．

　私がやどかりの里で携わったグループのこの終結期は，財政危機も一応目処が立ち，多くの修了者を出した．スタッフも世代交替でグループ活動の継続は新しい担当者に引継ぎ，従来の担当者は終了者の有志とともに雑誌「爽風」編集部を創設し，精神障害者の声を社会的に広げていく，グループ活動の枠を越えた新しい活動へと歩み出したのである．

　やどかりの里で始まったグループ活動は，確かにやどかりの里においては初めてのグループ活動ではあったが，病院のデイケアから移ってきたメンバー，担当を継続してきた私にとっては準備期から発展期，成熟期，終結期まで，一通りのグループの発達段階をデイケアというグループ活動の中で体験した後，改めて始まったグループ活動であったと言えよう．

　その意味で，病院から廃止を宣告された時のメンバーの言葉，「これからの患者は病院を選ぶ」という発言が1960年代（昭和35〜）半ばになされていることは，たとえ小さな，2年に満たない病院のデイケアであったとしても，そこに集ったメンバーの意識の高さに，成熟した活動の内容や信頼関係を結び得た人間関係を推測することが可能である．このような経過を持つグループがやどかりの里に移っ

たのであるから，その後の活動が同じように1つ1つステージを踏んでいったとしても，活動の進展する勢いや活動内容，例えば，メンバー同士の交流や対社会との関係でも，グループワークの教科書では見られないような要素が取り込まれていくのは当然のことであった．

病院におけるデイケアも開始期と発展期が混在していたように，やどかりの里で行われたグループ活動も成熟期と終結期の混在を見た．混在の原因はこちらが作るグループではなく，相手の求めによって作られたグループほどメンバー同士の関わり，相互信頼など，グループ活動に必要な条件が主体的に育まれてくるからであるように思われる．このように在籍するメンバーの状況，グループの置かれている状況によって，理論どおりには進んでいかないことを体験した．特にやどかりの里のように地域社会の影響をもろに受けている状況の中で行われているグループ活動ほど，グループ活動の発達段階は混在しやすいように思う．グループワーカーとしてはその混在するステージを冷静に見，かつ，そのグループ活動においてそれぞれのメンバーに必要なものは何かを相互に問い，問われ続ける姿勢が必要である．

やどかりの里において1972（昭和47）年5月から始めたグループ活動は，1978（昭和53）年3月に終結期を迎えた．この期間は精神障害に対する各自の考え方，世の中の見方などを，セミナーを始めとする活動の中で，自らの主張を多くの人に知ってもらおうと相互に切磋琢磨していった時期とも言い換えることができよう．そして，グループそのものは次の世代のグループワーカーに引き継がれた．終結期を迎えたメンバーの多くは各自の達成目標をグループ活動を超えたさまざまな活動の中で，自分自身を評価し，相互に評価し，

グループ全体で評価する多くのチャンスに恵まれた．そして，ある者は去り，ある者は次なるステージに新たなる活動を展開していった．それが雑誌「爽風」編集部設立であった．

第3章
グループ活動終了後の活動
雑誌「爽風」編集部設立の経過

　財政危機を切り抜けてきた中心メンバーのほとんどが，1978（昭和53）年3月をもってグループ活動を終了した．彼らの多くはグループ活動の中心であった新聞活動「爽風」にも意欲的に取り組んできたメンバーたちであった．私自身もグループ活動の担当を離れ，グループ活動終了後のメンバーのグループ，ソーシャルクラブ（朋友の会）の担当になった．同じくソーシャルクラブに入会したm子氏，y子氏は，初期のグループ活動時代に新聞「爽風」の活動にリーダーシップを発揮し，すでにソーシャルクラブメンバーとしても活躍していたY男氏を誘い，3人が編集同人となって雑誌づくりを計画した．私も同人の傍らに事務局員として関わった．彼らはこの雑誌を，精神障害者が連帯する運動の1つとして，また，啓発活動の1つとして成り立たせたいとすることを意図して発行した．すなわち，精神障害者の手による，精神障害者のための雑誌として，病を負った者には主張する場，意見交換の場とし，関係者には理解を深め，勉

強をしてもらう場となればいい，という主旨であった．1978（昭和53）年4月に同人を設立し，雑誌名は彼らに馴染みの深い「爽風」と決定した．同年11月，年1回発行の雑誌「爽風」創刊号を出版した．創刊号で雑誌「爽風」の意図を綴っているm子氏の文章の中から，彼らの雑誌づくりの思いを読みとって欲しい．

「6年前，昭和47年5月，やどかりの里のグループ活動の1つとして，両面刷りの1枚からスタートした新聞「爽風」は，その後頻繁に特集を組むようになり，時には20頁前後の読みごたえのあるものになってきた．（略）ここで更に充実し，本格的な雑誌として飛躍をとげたいという気運が高まり，あらためてメンバー有志によって編集部を設け身近な主張をしていこうということになった．（略）そのような姿勢の1つのあらわれでもある，精神衛生実践シリーズ3「やむこころからの提言」（やどかり出版）への反響の大きさを考えて，その中でも語り尽くせなかったものを少しでも掲載できたらと思った．抱負は沢山あるが，ゆくゆくはやどかりの里のメンバーに限らず全国の同じ病の人からの投稿も期待し，我々の意見交流の場となって充実させていきたいと思う．そしてあくまでもメンバーで企画，編集するということを終始一貫していきたいというのが我々の姿勢である」

そして，私としては気にかかっていたことを1つ整理することができた．すなわち，「やむこころからの提言」編集に当たり，メンバーから出されていた宿題，スタッフはどのような考えを持ってメンバーに関わっているのか，その時々のスタッフ自身の考えや気持ちを表現すべきであるという宿題が整理できたのである．この雑誌は必ず「私の体験」というコーナーを設ける編集方針でもあった．創刊号には，1976（昭和51）年6月から約2か月半，精神分裂病の

再発をし，幻聴，妄想の中を生き抜き，彼女が最も恐れていた入院をすることなしに回復したy子氏が，長い病歴の中で初めてという，在宅で切り抜けた再発の体験を書くと申し出た．病状回復から1年半，どのようにして自分自身の病を整理できたかを知ってもらいたいという気持ちもあったようだ．ただし，具合の悪くなり始めた時から終始関わっていた私が，y子氏のことを，そのつどどんな思いで見ていたかを書いて欲しい，ということが条件であった．

　手記「幻の愛の時間」は，y子氏がさまざまな手段を通じて恋愛の対象と会話し続け，自分なりに解決を試みた2か月の体験であった．一方，「幻の時間をともにすごして―関わる者の立場から―」は，原稿用紙60数枚に及ぶ私のy子氏への関わりを綴ったものであった．再発から回復までの私の率直な感想と対応を述べたものである．m子氏は2人の手記を編集後記で次のように述べている．『(略) 手記「幻の愛の時間」は，芸術家の彼女の一幅の絵巻物語りをみるように読んでいただけると思うし，その後の「幻の時間をともにすごして」は，スタッフがいかにメンバーと密着して関わり，深い理解の上で接していたかという記事としてまさに圧巻であると思う．(略)』

　原稿が出来上がったのはy子氏の回復から2年弱経過したころだった．彼女はすみやかに体験をまとめて私に手渡し，私もまた一気に関わりを書き上げ彼女に見せた．

「うん，これでいい．十分だわ」

という言葉を彼女は私に与えてくれた．その後しばらくして，彼女はアパートの一室で自らの命を断った．創刊号発刊間際のことであった．

　「やむこころからの提言」で果たし得なかったことを果たせるようになった時，私は1人のパートナーを失ってしまった．そして，1982（昭和57）年には私自身がやどかりの里を離れ，しばらくして

Y男氏もやどかりの里の精神衛生運動方針に疑問を抱き，一時やどかりの里を去った．m子氏もその後体調を崩し1987（昭和62）年，癌と闘いつつ逝った．

　やどかりの里の初期にリーダーシップをとってくれたY男氏は，昔とは大きく様変わりをしたやどかりの里の中に，時折顔を見せてくれている．しかし，やどかりの里にグループ活動の礎を築き，存続の危機に瀕したやどかりの里を再生させ，溢れるようなエネルギーを注ぎこんでくれたメンバーたちの姿を，今のやどかりの里の中に見つけることは難しくなっている．やどかりの里創立30周年という歴史は，私も含めてメンバーたちの生活の有り様に変化をもたらすには十分な時間であったと言える．

　創刊号に込められた思い「仲間が仲間に語りかける雑誌－爽風－」は編集委員も次々に入れ替わり，年1回の発行も困難となり，16号で廃刊となった．元号も変わった1996（平成8）年のことであった．その最後の特集は「老後と私」．
　第Ⅰ期のやどかりの里におけるグループ活動は生みの苦しみと，財政危機の苦しみを通り抜け，地域の中に「爽風会」というグループ活動の一時代を築き終了した．その後，何人かの仲間はグループ活動で培ったパワーを，雑誌というメディアを通して多くの仲間に向け，社会に向けて語りかけることを試みた．ささやかな精神保健運動として始まった雑誌「爽風」も，後半からは精神を病んだ人々のライフサイクルを特集として取り上げ続け，「老後」をもって語り終えたと言えるであろう．
　発刊時B5版で表紙の右肩に－「精神障害者」が仲間に語りかける雑誌－と銘打った創刊時の意気込みは，残念ながら後輩に引き継ぐことはできなかった．なぜなら，6号（昭和60年）からはA5版

になり，帯に－「精神障害者」が仲間に語りかける雑誌－と記載されるだけになっていったからである．

発刊時の編集同人の1人谷しおりはやどかりの里10周年記念誌（昭和55年発行）の中で次のように述べている．

『(略)　最後に私の夢を一言．10年後ぐらいに雑誌の中から「私の体験」とか「私のストレス解消法」などというシリーズの記事を集めて単行本に出来ればと思います．そして更に願うことは，雑誌の表紙につけている副題「精神障害者」が仲間に語りかける雑誌というところで，何故精神障害者が「　」でくくってあるのか考えてくれる人が多くなり，一般の人も自分に共通の問題として語り，語りあえれば，私たちにつけられた「精神障害者」というレッテルは，他人によってそう名づけられているに過ぎない，ということが自然に理解して貰えると思います．雑誌「爽風」は私にとっては子供が1人誕生するように思います．誕生までのプロセスは，私にとって私という人間の存在感を確認する作業なのです』

谷の思いは，前半の「単行本に収録される」という点においては実現した．しかし，残念ながら「精神障害者」が仲間に語りかける雑誌という副題に込められた思いは，いつしか消滅していったのである．A5版の帯に書かれたものは随時取り外しが可能であることを意味している．世の中の精神保健に対する理解が深まったと言うには，今この文章を書いている平成14年の時代でも時期尚早であろう．時代を引き継ぐ，体験を引き継ぐ，歴史を引き継ぐということは何と難しいものであるかを，この雑誌「爽風」1つをとっても思い知らされる．しかし，何はともあれ引き継いで，つないでいかないことには歴史はつながっていかない．やどかりの里におけるグループ活動も，やどかりの里30数年の歴史も，その次代背景の中でアレンジをしながら継続していくこと，そして，時折振り返っては調節していくこと，それが人と人とをつないでいく原点なのであろう．

私にとってのグループ活動「爽風会」は私がグループ活動を離れた時に終わったのでもなく，私がやどかりの里を離れた時に終わったのでもない．私を育ててくれ，ともに困難をくぐり抜けた仲間たちと創刊した雑誌「爽風」．この雑誌の廃刊をもって，私にとってのグループ活動は完全に終焉を迎えたのである．

第2部

爽風会活動と私

グループワーカーとしての活動の記録

増田　一世

1. 私にとっての爽風会

1) 私とやどかりの里の出会い

　この記録は私が1978（昭和53）年にやどかりの里の研修生となり，ソーシャルワーカーの卵として「爽風会」というグループを担当し，先輩たちの力を借り，ともに活動したメンバーとのさまざまな関わりの記録である．「記録のない実践は実践にあらず」という先輩からの厳しい教えに，慣れない記録を書き続けてきたものを基にまとめたものである．グループを担当している自分自身の行動や発言も含めて書き止めなくては記録ではないとも言われ，時には見つめたくない自分自身の行動を含めて書き進めたものである．

　私がやどかりの里の研修生となった1978（昭和53）年は，本書の著者の1人である柳義子（旧制田口）さんたちが，爽風会の一時代を築き，1つのグループの終結を迎えた時であった．そして，再度始まるグループ活動を担当する新人を求めていたのである．そこに大学を卒業したばかりの3人がやどかりの里の研修生を希望し，その1人が私だった．

　1978（昭和53）年2月，私は大学で社会福祉を専攻し，青少年の非行に関心を持ち，その関連の仕事につきたいと思っていたがかなわず，大学院にも進学できず，卒業後どうしていくのか，まさにモラトリアムの真っ只中であった．進路について相談したゼミの指導教官であった岩本正次教授は，当時やどかりの里の理事長（現・子供家庭相談所所長）であった．岩本先生は，

　「大学院で2年間勉強するのなら，やどかりの里で1年間研修を受けてみなさい．その1年間で大学院2年分の勉強ができる．やどかりの里に研修生の制度があるからどうだ」

と勧めてくれたのである．大学の3年の時にやどかりの里の見学をしていたこともあり，そこで働いていたソーシャルワーカーが，お金の苦労はあるものの，プロとしての誇りを持って働いていることに感動した経験があり，岩本先生の勧めに心が動いた．

しかし，精神障害者，精神分裂病について，大学4年間ではほとんど学んでいなかった私は，問題意識もないままやどかりの里の扉をたたいたのである．漠然と1人前のソーシャルワーカーとしての基礎をやどかりの里で築くことができればと思って，やどかりの里を訪れたのだった．卒業式を待たずに，やどかりの里の研修生としてやどかりの里に通い始めた．そして，「爽風会」を実践の場として提供され，記録に基づくスーパーバイズを受けつつ，私の研修が始まった．2年目からは非常勤職員（常勤と同じように働いていても，財政難であったやどかりの里は，生活できる職員は非常勤としての待遇であった）として採用されたが，私にとって「爽風会」は変わらず研修の場であった．

2）模倣から始まったグループ活動

本書は，私にとって，大きな影響力を持った2人の先輩との共著書である．2人は私が1人前のソーシャルワーカーを目指す時に，私にとっての活動モデルであり，指標であった．

実際の「爽風会」には，柳さんがメンバーの人たちと築いてきた伝統が脈々と伝わっていた．伝統は，ほんとうはその理念や考え方にあったのであるが，当時の私には，目に見える部分をまねして，活動を作っていくというものでしかなかった．

やどかりの里で精神障害者と初めて出会う私にとって，精神障害者とともにどのように活動を展開していけばいいのか皆目見当がつかなった．そんな私にとっては，柳さんは私の活動モデルであり，

先輩たちが築いてきた活動のあり方を模倣することが，すべての始まりであった．しかし，人間としてのキャリアも個性も違い，模倣から始まったソーシャルワーカーとしての修行は，そう順調に進んだわけではない．

そして，爽風会活動の中で，私は人生で始めての大きな挫折を味わった．その挫折体験から立ち上がり，だれのものでもなく，私自身の活動を作っていく過程で，私のスーパーバイザーは谷中輝雄理事長（現会長）であった．私は一時期谷中のコピーと周囲から言われるほど，自分の判断は棚上げにしたまま，谷中氏とのスーパーバイズによって活動の方向性を描き，かろうじて活動を進めてきた．

主体性がないまま，右往左往しながらグループ活動に関わってきた私が，2人の先輩に依存しながら何とか活動を進め，メンバーとの切磋琢磨の中で，徐々に私自身が何を感じ，判断し，行動していくのかという自立へのプロセスを，ほんとうにゆっくり歩んでいった．次節は，4年間にわたる爽風会の活動を経て，27歳の私が書き綴ったものだが，それから，20年近く経った今読み返すと，幼さや未熟さがめだつ．しかし，その当時書いた原稿にほとんど手を入れずに出版することにした．新米のソーシャルワーカーの悪戦苦闘をそのままお伝えすることに意味があるのではないかと考えたからである．

3）「生きている仲間」と私

私が，研修生として爽風会活動に関わり始めたころ，柳さんは，爽風会活動の区切りを迎え，その8年間にわたるグループ活動の記録をまとめ，出版する準備を進めていた．

そして，柳さんの執筆した「生きている仲間」は，私にとってはたいへん貴重なテキストであった．3冊にわたってまとめられたグ

ループ活動の記録をくり返し読み，活動の年表づくりを行った．年表づくりをする中で，グループ活動のダイナミクスを整理して捉えていった．当時，シュワルツの書いたソーシャルグループワークを参考にしながら，柳さんがまとめた「生きている仲間」に描かれている「爽風会」の活動を，私なりに整理し，グループの発展の過程とその時々のグループワーカーの役割についてまとめる，という作業を行った．

グループワークについて，爽風会というグループにどう関わっていったらいいのか，自分自身の考えやビジョンがなかった私にとって，この「生きている仲間」は，自分が関わっている「爽風会」の見通しを描くための大きな手がかりであった．

次節の原稿をまとめる前に，私は「生きている仲間」を基に私なりに活動の画期を意識し，柳さんの担当した爽風会をまとめた．そして，グループ活動のダイナミクスを私なりに整理し，その枠組みを雛型にしながら，自分自身の携わったグループ活動の記録をまとめたのである．

また，本書に掲載されている谷中輝雄氏による「グループワークの原則」は，私が迷ったり，悩んだりした時に必ずもどる場所であった．

グループ担当者がそれぞれのグループの発達段階によって役割が変わっていくこと，また，グループの発達とともにグループ担当者の成長があることも，私にとってたいへん関心のあることであった．

今振り返って考えると，私にとっての「爽風会」というグループでの体験は，私の社会人としての基礎を築くことであり，自分の人生をどう歩んでいくのか，ということを真剣に考える場でもあった．

その後，爽風会の活動から離れた私は出版活動に身を投じ，その後やどかり情報館という福祉工場を立ち上げ，精神障害者とともに働くことになっていくのだが，その後の私にとって爽風会は大きな

影響力があった．それは，グループで何かを創り上げることの醍醐味であった．1人ではできないことも，数人の人が集まり，話し合いを重ね，失敗や成功をともに体験しながら，それぞれのできることで貢献していく．

私自身の役割も時にはリーダーであり，時には一参加者であり，その時々で役割が変化していく．そんなことが面白い，楽しいと感じながら，仕事を続けてきたように思う．

2．爽風会の第Ⅱ期におけるグループ展開

やどかりの里「爽風会」の第Ⅰ期〔1972（昭和47）年～1978（昭和53）年3月〕に続いて始まった第Ⅱ期〔1978（昭和53）年4月～1982（昭和57）年3月〕のグループ展開について，グループの発達段階に沿って，グループワーカーの役割に注目しながら，活動記録を基に記述していく．

1）過渡期，転換期

1978（昭和53）年3月に，これまでグループのリーダー的存在であったメンバーが卒業した．グループワーカーはこれまで中心に進めていた田口（現柳）スタッフ，荒田スタッフ，大木研修生に加え，副担当として研修生の奥出，増田（私）が加わった．

グループ内の状況としては，リーダーが抜けた後，グループをこれまでのように強力に引っ張っていくメンバーは現われず，プログラムを決めたり，新聞づくりなどは，グループワーカーがリードしていく形をとっていた．

しかし，4月の月例合宿では，ほとんどグループワーカーの手をわずらわすことなく食事づくりなどが行われた．しかし，メンバー

からは，休む時間もなく，食事づくりに追われてしまったと反省の声が出た．

5月に入ると，朋友の会への移行を目指したメンバー3名は，爽風会在籍のままアルバイトに出るといった動きを見せた．一方で，相談グループ（爽風会フレッシュマンに参加する前段階として，相談に来所する方々のグループ）の3名が爽風会のプログラムの一部に参加することになった．そういう中で，A子さんから，

「みんな働きに行っちゃって，どうなるんですか」
と発言があり，グループワーカーがその話題をグループに投げ込んで話し合いが行われた．この話し合いでは，仕事の話から，1人暮らしの条件へと話が進んだ．

B子 「1人立ちするという状態はどういう時か」と荒田さんに聞いたら，「1人でおまんまが食えることだ」って言われたんです．どうしたらお料理ができるようになるのか．

田口 そのことね，私も取り上げたかったの．私もそうだったけど，お料理って，水と醬油と砂糖を入れれば煮えちゃうのよ．その辺，やってみなければわからない．B子さんの話を聞くと，何かきちんとやらないと，1人立ちできないみたいな気がするんだけど，どうC男さん……

C男 味っておふくろの味なんだよ．何回もやっていく中でしだいにものになってくるんでね．

D子 毎日，毎日やることね．失敗しながら覚えること．

田口 どんな物でも食べるっていう度胸がつけばいいと思う．

B子 来年の4月ごろ無理でしょうね．

田口 あなたに1人になってやってみるという度胸さえすわればいつでもいいと思う．

C男 そう．自分の気持次第なんだよ．（略）

8月に入り，E男さん，F子さん，G男さんの3人がフレッシュマンとして参加した．久しぶりの新メンバーの参加で，F子さんに対して，女性メンバーが何かと面倒をみたり，話しかけたり，あるいは活動中にたばこを吸うフレッシュマンを注意したり，という場面が見られ，活気のあるグループになっていった．

日ごろ発言の少ない男性メンバーのH男さんから，働くことについて話し合いたいと提案があったり，フレッシュマン時代無関心ということでグループで問題になっていたI男さんが新聞づくりのガリ切りで活躍したり，発言するといった男性メンバーの動きも少しずつ出てきた．

8月には爽風会メンバーが心臓麻痺で急死したり，9月には朋友の会のメンバーが自殺するという事態が相次いで起こった．いずれも病気がよくなり，これからというメンバーであっただけに，メンバーの動揺は大きかった．

（1）グループワーカーの交代

10月24日，担当グループワーカーの変更があった．副担当として参加していた奥出さんと私がそれぞれグループ担当となり，大木，奥出，増田とスタッフの荒田さんでグループを担当するという新しい態勢となった．スタッフの田口さんは爽風会メンバーと担当者が全員参加する土曜グループ，合宿などにはこれまでどおり参加することになり，グループワーカーの態勢は過渡的な時期を迎えた．

この時期，奥出さんも私も大学を卒業したばかりの新人で，経験がなかったが，グループの動き自体は大きな滞りもなく，プログラムをこなしていっていた．前期から継承した新聞づくりのプログラムもA子さん，D子さんらがリーダーシップをとり，あらかじめテーマを設定せずに，その時の参加者の関心事を出し合いつつ話し合う

フリーミーティングなどでも，活発な話し合いが行われていた．グループワーカーとメンバーの関係は，経験のないグループワーカーをメンバーが助け，逆に自分たちがしっかりしなくてはという意識があったようである．しかし，私は「ミーティングの進め方に戸惑い，不安を感じており，ポイントの絞り方がつかめず，話題が広がりがちである」と当時の記録に記している．

　半年間先輩の下でグループに参加していたが，いざ自分が担当者になると，メンバーの発言をどれだけきちんと受け止められたのか，どこに大切なポイントがあったのか判断がつかず，メリハリのある話し合いになっていかなかった．

　私は田口さんからグループを引き継ぎ，ミーティングと新聞づくりというプログラムを継承した．

(2) 11月定期合宿

　新しいグループワーカーの態勢となって初めての合宿を行った．合宿は那須青年の家（栃木県）で行われ，始めは登山という案も出たが，たいへんだからオリエンテーリングをしたいというメンバーの意見で，オリエンテーリングを中心としたプログラムが組まれた．合宿には直接グループを担当するワーカー以外にやどかりの里のスタッフも参加した．担当するワーカーは，先輩スタッフから「オリエンテーリングはメンバーが思っているほど簡単なものではない．ワーカーがいっしょにやるとワーカーに頼ってしまうので，メンバー同士でペアを組むようにしたらどうか」とアドバイスを受けた．

　実際にはそのアドバイスに沿って，メンバー同士でペアを組んでオリエンテーリングを行うことになった．その結果，順調にいったのは1組だけで，ほとんどのペアが混乱してしまった．ポイントを見つけるのに苦労したり，方向違いに行ってしまったりした．

F子さんはペアを組んだJ男さんに対して「J男ちゃんたら，うすらとぼけて」というような相手に責任を押しつけるような発言があった．このF子さんが後にグループの危機場面を作っていく大きな要因を作る人となった．この当時は本人の緊張が高かったが，年上の女性メンバーが彼女の行動を抑えていたため，さほど問題にはなっていなかった．

(3) 朋友の会への移行，仕事について

　控え目ながらもリーダーシップをとるA子さんや爽風会在籍が長いD子さんらが中心となり，ミーティングでは朋友の会への移行，仕事についてということが頻繁に話題となっていった．

　また，お茶の時間には，荒田さんと面接した後のK男さんを交じえて次のような話が出た．

　K男　荒田さんから何のために爽風会にいるのか，働くように言われている．でも今の自分にはたいへんなんだ．
　D子　たいへんだよね，男の人は生活がかかっているんだから．私なんか家にいても家事をすればいいんだけど……．私は保母になりたかったんだけどあきらめたんだ．やりたいことがあればやったほうがいいよ．後悔するよ．
　L男　考えているより，やったほうがいいよ．考えてても何もならないから．
　K男　何やっていいかわからないんです．自分と程遠いように感じて，働くということが自分とかけ離れている気がして不安なんだ．
　E男　そうなんだ．なんか自分とかけ離れてる感じがするんだ．働くってことが……

　働くということ，朋友の会へ移行するということは，爽風会メン

バーにとっては重要な関心事である．しかし，この時期ミーティングのテーマにくり返しこの話題が話されていることから考えると，この時期の中心メンバーは第Ⅰ期から在籍しており，爽風会卒業という時期にさしかかっていたのである．このようにグループの展開と，グループメンバー個々の成長過程にはずれが生じていた．新しいグループワーカーが担当し，新たにグループメンバーが参加しているにもかかわらず，グループ運営上も大きな問題にぶつかっていないし，スムーズに運営されているように見えていることが特徴である．例えば，合宿の運営，ミーティングでのやりとり，新人メンバーへの包容力など，第Ⅰ期で作り上げられたグループの遺産が継承され，メンバーがある程度入れ替わっても，グループ運営の方法は継承されている．経験の浅いグループワーカーを，グループ経験を蓄えたメンバーが支えていたと言えよう．

　また，グループワーカーは爽風会メンバーだけではなく，朋友の会メンバーからも側面的に助けられていた．1979（昭和54）年1月ごろから緊張が解け，場面に関わりなくけたたましい笑い声をたてるようになっていたF子さんと，それにつられて笑い出してしまうフレッシュマンのY子さんの行動がめだつようになっていた．お茶の時間に参加した朋友の会M男さんはそうした場面に出会い，次のように話している．

「（F子さんに）ここではそういう笑いも許されるけど，社会に出たら通用しない．おかしいと思われるよ」

「時と場所をわきまえた行動ができないと，ワーカーはまだ若いし，やさしいから何も言わないけど，もっと気をつけなきゃだめだよ」

「（中心になりつつあったN男さん，E男さんに対して）今もやってると思うけど，もっとリーダーシップをとってもいいんじゃない

のか」

　こうした朋友の会メンバーの存在は重要であった．メンバーにとっては先輩として，あるいは目標・モデルとなる存在であったし，グループワーカーにとっても，やどかりの里の先輩でもあり，頼りになる存在であった．朋友の会のメンバーの中には，やどかりの里で働く若いワーカーを自分たちも協力して育てていかなくてはといった気持もあったようである．こうした先輩メンバーと新人グループワーカーとの関わりも，やどかりの里独特な，貴重なものであった．
　一方では，このようなメンバーの支えもあったが，グループ場面の重要なポイントを抑え，グループに返していくという役割をグループワーカーが捉えきれず，グループ自体が流れていっていた．
　1978年度（昭和53年〜）の終わりに，スタッフ間で次のような話し合いが持たれている．

　谷中　爽風会の活動を見ていると，存続の危機の時に爽風会の運営委員を中心に乗り切ってきた1977（昭和52）年度が内容的に1つのピークである．むしろ1978（昭和53）年度は，その人たちが抜けて，形はかなりそれを継承してやれたと言えるが，やっぱり中身ということになると，もう1つ迫力というか，もう1つほんとうに自分たちで切り盛りするというか，そういう形では力不足みたいなところがあったんじゃないかと思うんだ．だけど，不思議なことに一応軌道に乗ったいろんなやり方については，まあなんとかそれぞれ役割分担しながら無難に切り抜けたというかね．
　荒田　形のあるところは継承できたというふうに思うね．中身っていうのかな．体験して自分たちで築いてきたというものはなかったと思うけど．残留グループで新たに運営されたようですね．（略）
　田口　あの局面ね，（やどかりの里の存続の危機に際し，メンバー

自らもやどかりの里の法人会員となり，会費を払い，やどかりの里の運営を助けよう．また，運営の一助になるような活動を展開していこうといった動きが，爽風会の中にあった）歴史と伝統があったから，今，成っているのね．これは何もなかったら，こんなグループになりっこないの．だからほんとうはもっとね，だめな形のグループから始めていけば，私は今のグループワーカーはもっとやりやすいと思うの．だからへたに合宿って言えばぱっとうまい具合のものがあるから，そこにいくとごまかされちゃう危険性を，今のグループワーカーに感じるわけ．メンバー各人に力があるように思ってしまう．（略）

増田 今，ここで振り返ってみると，グループはこうあるべきとか，田口さんから引き継いできたのだけれど，こうやってきたのだから，こういうふうにやらなきゃいけないんじゃないかっていうのが何かあったような気がする．メンバーとのつながりの中にも，やどかりの里というのは，メンバーも私も仲間なんだから私もそうなんだというところから出てきたのであって，いっしょに活動をやっていてほんとにいろいろなことで，場面で共感して，そこからああ仲間なんだっていう感じで得たものとは違ったような気がするんです．前からのメンバーが梶をとって，私がそこに乗っかってきたというような感じ．だから，私の中にもいろいろな継承されて来たものへの依存，甘えがあって，自分で考えたり，努力したり，それから自分を表現したりすることがすごく少なかったような気がしています．

谷中 そういう意味では，爽風会というのは，10年経って，また新しい人たちで出発し，初歩的なお仲間づくりをこれからやっていくんだと，どうやらそういう1つの大きな節目，転換なんだと思うのね……（後略）

このように1978（昭和53）年度は，メンバー個々人の問題，グループワーカーの未熟さという問題を内包しながらも，表面には大きな問題として表われないまま終了し，1979（昭和54）年度を迎えることになった．この1年間は，グループの開始期に当たるのであるが，内容的には開始期とは言い難い．一般的には新しいグループは，グループが新たに形成されるところから始まり，グループメンバーは同じスタートラインに並んでいる．そして，そこからグループメンバー個々のグループ参加への動機づけを確認するところから始まるのである．しかし，この場合には，第Ⅰ期のグループから継続して利用しているメンバーの中に，新しいグループワーカーが参加し，グループメンバーも徐々に新たな参加があるといった形であり，開始期と言うにはかなり変則的なものであり，前グループからの過渡期，転換期といったほうが，内容的には当てはまるようである．

2）個々人の問題がグループで問題となりグループの基礎づくりへ ＜開始期＞

（1）プログラムの決定をめぐって

　控え目ながらもグループのリーダーシップをとっていたA子さん，D子さんが3月末で爽風会を卒業し，昨年参加し，リーダー的役割をとっていたN男さんは曜日を限定した参加となった．こうして比較的新しいメンバーを中心にグループが始まったのである．

　グループのプログラムを決定する時に，次のような話し合いが行われている．

　　E男　今日は何をするんですか．
　　増田　何をするって私が決めることではないと思うけど．皆で話し合えばいいんじゃないの．昨日は今年の爽風会について話し合っ

たと聞いたけど，今日は水曜グループでどんなことやっていきたいか話していきたいと思うんだけど……

　E男　午後はやっぱり新聞づくりになるんじゃないかな．午前はミーティングばかりじゃあきるから，ミーティングと卓球とを隔週にやっていったらいいんじゃないかな．

　J男　僕はスポーツがいいな．楽しいし，体を動かすと体にもいいし．

　増田　E男さん，どうして新聞づくりがいいの．

　E男　今までやってきたし，別に好きってわけじゃないけど．

　F子　私は他の曜日じゃできないし，新聞づくりがいいと思う．

　増田　どこがいいのかな．

　F子　1つのことを皆で協力してやるから．

　O男　僕はスポーツがいいな．

　増田　どうして……

　P男　体力づくり．今までやったことない．スポーツ，例えばボウリングとか野球なんかいいね．

　Q男　野球いいね．

　（略）

　増田　P男さん，水曜にスポーツを採り入れるってことね．新聞づくりが出てきてるけど，それはどう思っているの．

　P男　あんまりやりたくないね．

　増田　どうして……

　P男　苦手だから．

　増田　どこが……

　P男　何を書くか浮かんでこないんだよね．

　（略）

　J男　新聞も作ってみたい気がするんだよね．ガリを切ったり，印刷もやってみたいしね．

Ｅ男　もっと楽しいのにしたいね．
　Ｐ男　でも苦手だからな．
　Ｆ子　もっと女の人が多いと，新聞に賛成すると思うんだけど，男の人が多いから．
　増田　Ｐ男さんは他にやりたいことがあって新聞づくりをやりたくないんじゃなくて，苦手だから嫌なの……．苦手だからってことはおかしいんじゃないのかな．お金払ってやどかりの里に通って来て，好きなことをやりに来てるんじゃなくて，少しでも苦手なところを何とかしようと思ってるんじゃないの．
　Ｐ男　増田さんは何がいいんですか．
　増田　私が何がいいかってことはあまり関係ないと思うけど，でも３月までやってきて，皆が自分の思っていることを文章に表わしてきているのはすばらしいと思う．
　（略）
　Ｆ子　私は新聞をやるべきだと思う．

　このミーティングの中で浮き彫りになったのは，メンバー，グループワーカーともに，今までのプログラムへのこだわりがあることである．やどかりの里の爽風会の伝統として，新聞づくりは大切なことで，自分たちの時代にこの伝統ある新聞をなくしてしまってはならないという意識が，かなり強くあったといってよいだろう．そのためプログラムの内容，新聞づくりの意味などはほとんど問題になっておらず，形式の継承努力に終始している．
　また，私の姿勢も興味深い．「私の決めることじゃない．私が何がいいかってことは関係ない」という発言から推察できるように，グループワーカーとメンバーとの間にかなり距離を置いて見ているという**姿勢**がある．この距離が今後どう変わっていくかは，グループの成長にも大いに関係のあるところであろう．

プログラムとして新聞づくりが決定され，E男さんが少しずつリーダーシップをとるようになってきていたが，グループワーカーがグループに入らないと活動が開始されない，という事態は続いていっていた．私はそうしたメンバーの姿勢に問題を感じ，苛立ちを覚えていたが，それを率直に表現し，メンバーに気持ちを伝えることはしていなかった．

（2）F子さんの問題をめぐって
　7月に入って次のような事件が起こった．
　朝，フレッシュマンからメンバーになったばかりのR男さんがF子さんに追いかけられ，ひっかかれた．この事件の後，グループのミーティングでこの件に関して話し合うように，私は次のような提案をした．

　増田　朝，いろいろなことがあったみたいね．それについて感じたことがあったら話してくれるかな，Q男さん．
　Q男　まだそこまで考えてなかった．
　増田　F子さんどう．何か理由があったんじゃないのかな．
　F子　別にないですけど……
　増田　理由がなくてやってたの．男性は女性に抱きつかれたりして，どんなふうに感じているのかな．
　F子　女性って言ったって1人しかいないじゃない．
　増田　そのことを話していいかな．
　F子　面接の時ならいいけど．
　増田　F子さんじゃなくて，男性のほうがどう感じているのかを聞きたいの．
　E男　まあF子さんも家で嫌なことがあって外に出してもらえないとかで，しょうがないと思うけど．

増田　じゃ，ずっとこれでいいと思うわけ．

E男　そういうわけではないけど．

増田　R男さんが傷を作ったり，抱きつかれたり，という話を聞いたから，グループの中のことだから，みんなに聞いてみようと思うの．（中略）また，逆にF子さんが辛いこととか，困っていることがあってそういう行動をとっているなら，そのことについても話せればと思うの．（中略）私はね，F子さんがそういう行動をとってみんなに嫌われていくんじゃないかと心配なわけ．F子さんは爽風会の大事な人だし，F子さんのいいところをもっと違う方向に持っていったらいいと思うの．

E男　増田さんが言うように，みんなから離れていくということはないと思うよ．ふざけてやるということは仲がいいことだと思うんだよね．

増田　R男さんはどう……

R男　なるべくやめてほしいというのが実感です．

F子　やっぱり自分でもやめるように心がけてるんだけど，会って見るとやっちゃう．

E男　あのね，見てるとF子さんがやる人は決まっているんですよね．何か抱きついても怒らない人にしかやらない．

F子　そうでもないけど，自分の好感の持てる人に……

（略）

日ごろから，F子さんの男性に抱きついたり，笑い出したりという行動を目に余るものとして見ていた私は，朝の出来事をきっかけにグループの問題として取り上げようと試みたミーティングであった．しかし，グループメンバーにはグループワーカーである私より彼女の行動に対しての許容度があったようである．ワーカーとメンバーの歯車がうまく噛み合っていないため，ミーティングも深まり

がないものとなっていた．個人の問題もグループの問題として考えるべきだという私の考えが先行してしまい，うまく噛み合わなかったとも言えるであろう．

この噛み合わなさは，グループ担当者である私が，先輩スタッフのグループ活動の実績から大切なことなのだと教えられたものの，自らが体験的に気づいたものではなかった，というところに1つの要因があるであろう．そして，私自身にもう少しゆとりがあれば，先輩たちの実践から学んだことをメンバーに伝え，メンバーの同意を得て，前記のようなミーティングを始めていたであろう．私には担当者としてこの問題を何とかしなければいけないという焦りがあり，こうするべきだという考え方が先行してしまったのである．

（3）夏季キャンプへ向かって

夏季キャンプを主催するやどかりの里会員交流委員会より，爽風会は基礎的な訓練ができていないので，独自に月例合宿をして，キャンプに参加するようにと要望が出され，爽風会で話し合った結果，厳しくなることを覚悟して，月例合宿として参加することにした．そして，キャンプの目的もグループで検討を行った．

7月28日から30日にかけて秋川渓谷でキャンプが開催された．爽風会はほとんど独自のプログラムの中で，グループワーカー，メンバーともに時間に追われ，食事づくりに追われ，バンガローの間を走り回る生活であった．2日目に，爽風会だけでハイキングに出かけ，その折のことを次のように示してある．

「……1時間も歩くとしだいに歩き疲れの人も出てきて差が広がる．先頭グループはしばし足を止め，遅れて来る人を待つ．

（略）

ここからはジャリ道の登り坂．今までの中で一番苦しく，長い時間を費やしたようである．荷物を持ってあげたり，後押ししたり，

先を行く人は途中で待っていて『ガンバレヨ』と声をかける．だめだと言っていた人も最後の踏張りを見せているようである．やっと鍾乳洞の店小屋が見えてきた．『よし頑張ろう』と一気に上がった．全員無事到着……」

　このキャンプは，朋友の会や会員といっしょにやれる力がないと言われた悔しさ，淋しさがバネになり，メンバー，ワーカー一丸となって，わき目もふらずに乗り切った3日間であった．グループの担当者である私にも，メンバー個々に対する配慮などをする余裕もなく，食事づくりに追われていた．しかし，この経験がグループの基礎づくりに役立っていくことになったのである．このキャンプの中でのグループワーカーは，従来の援助者としての役割などまったく果たしておらず，まさにメンバーと同一地平でキャンプ生活を過ごしたにすぎない．しかし，こうしたメンバーとの関わりは，新人ワーカーだからこそできたのであり，こうした関わりを踏んでこそ，次のステップに移っていけるものなのではないだろうか．

（4）定期合宿が1つの節目に
　日ごろの活動は，比較的仲間に近い関係のグループワーカーとメンバーとで行われていたが，定期合宿にはやどかりの里のスタッフも参加することになっていた．スタッフはメンバーにとっては先生として頼りになる存在でもある．
　そのスタッフを交えて行われたミーティングが，爽風会にとって1つの節目となり，グループメンバーの自覚を生んでいった．

　E男　爽風会に入れて少し経って，自分がやどかりの里に来ているのが収穫があるのか，やどかりの里に来るのがワンパターンみたいで，自分で成長したと思えない．

R男　僕の場合は5か月目，マンネリ化してきた．始めは一所懸命やってたけど，慣れるに従って余裕が出てきて，わがままが出てくると，そういうことが言いたくなる．

S男　5か月通って来て，自分で変わったなと思うところは……

R男　自分でも前とはだいぶ違うと思います．前は興奮ぎみにすぐなっちゃったんだけど，自分で抑えられるようになったという点が，だいぶ自分ではいい点だと思います．

S男　R男君は成果があったって言うんだけど，E男君はないって．

E男　あのね，やどかりの里に来て，少し慣れてくれば，運営委員にしてもレク委員にしてもだれでもできるような気がする．だからそれが成長したって思えない．

S男　前にはできなかったことが，できるようになれば，それは成長したことになるんじゃないかな．

谷中　何か当たり前のことじゃないかって考えるんだね．それまでは，当たり前のことも緊張しちゃったり，ついて行かれなかったり，とてつもなくたいへんなことに思えてたわけね．

（略）

金払ってやどかりの里に来ているけど，その期間家(うち)にいたと仮定しよう．その場合どうかってちょっと聞いてみたい．

E男　うちの母に言わせると，やどかりの里に来てるから再発しないですんだって．僕もそうかなって聞いているんだけど，どこか仕事していたら再発しちゃったかな……と．

田口　ともかくある時期，あなたは一所懸命来て，その結果当たり前のことができた．当たり前のことができるために横目をふらずに来たじゃない．それはすばらしいことじゃない．ただ，それについて意識がない．（略）当たり前のことができちゃったから，さてどうしようと目標を失っちゃったわけ．それがマンネリにつながっ

ているわけ．

　E男　やどかりの里でね，まだ僕なんかとうていできないってことたくさんあるわけ．だから，ほんとうはそれに向かって行けばいいんだけど，何だか，これくらいできればいいっていう満足の仕方……．

　谷中　やってもらわなきゃ，もっと，もっと．

　田口　でもさ，この間爽風会の合宿で言ってたでしょ．G男さんがいなくなるでしょ．何か荷が重いから，億劫だなっていう気持があるの．

　E男　いや，そうじゃなくて，いよいよ俺の時代がきたっていうかね．（笑）

　以上はミーティングのごく一部であるが，日ごろはあまりゆっくり話し合う機会のないスタッフに，メンバーは自分の近況を報告しているのである．それに対して，スタッフはそれぞれのメンバーの成長に対して意味づけを行っている．それと権威あるスタッフからの評価は，メンバーの自信づけにもつながっている．グループにとっては，日ごろ日常的なつき合いを重ねる身近かなグループワーカーの存在だけでなく，ちょっと離れたところからグループを眺めているスタッフの存在が重要であり，こうした人材をうまいタイミングでグループに投入できるか否かによってグループの成長も左右される．そういった意味でこの合宿は重要な意味を持っていた．

（5）F子さんをめぐって（内的な危機にもまれて）

　F子さんの問題は昨年の11月の定期合宿のころから，人に失礼なあだなをつけたり，男性に抱きついてみたりと，徐々にエスカレートしてきていた．前にも記したように，グループの中でも問題になっていったのである．

① 7月21日　運営委員会

奥出　グループをいっしょにやっていて，F子さんが男の人に抱きついたり，あだなをつけて呼んだりして困っている．それでやめてほしいし，他の人たちもどう考えているか話し合うために，火曜日，大木さんも出席しているところで全体で話し合いたい．

増田　今までは私とF子さんの間で話し合ったり，約束したりしてたけど，私はグループの中でも考えていかなくてはならないことだと思うの．

N男　前に全体で話し合ったことがあると思う．

増田　そして，その後F子さんの行動が変わったかしら．そこが問題なんだと思うんだけど．

F子　昨日，金曜日で，奥出さんから大きな声で「『蛇，蛇』って言わないでくれ」って言われて，これからは言わないって約束したし，このままでは皆から置いて行かれてしまうと思ってやめるつもりでいるんだけど．

増田　F子さんのことはグループ全体で考えていくことだと思うの．そのために全員がそろう火曜日に．

N男　何だか個人攻撃になるみたいだな．

増田　そうかしら．今F子さんは爽風会にとって大事な人だし，グループの中で困っているんだから，皆で考えることだと思う．このままF子さんがああいう態度を取り続けていいのかな．私はとてもやりづらいし，やめてほしいと思うわけ．やっぱりよくなってほしいから，話し合いたいと思っているので，大袈裟とは思わない．

F子　昨日も金曜グループで約束したし，それで足りないなら個人的に言ってほしいと思います．全体で話し合うことになると抵抗したくなって逆効果だと思います．（略）

N男　それは担当者として，ぜひやってほしいと言うより，やり

ましょうってことですか．

　増田　私たちも爽風会の一員として，このことを話すのが必要だと思って，希望しているの．今まで私たちは率直に自分の気持ちを出すことが少なかったと思うの．傍観者みたいなところもあったし．
（略）

　N男　僕としてはF子さんの気持ちを尊重したいと思うんです．今聞いてF子さんの気持もわかったしね．

　増田　N男さんはわかっても，ここにいない人にはどうやって伝えるの……運営委員として考えてほしいな．

　N男　1つ案を出したいと思います．担当者として今までとは気持ちが違ってきている．運営委員の1人として爽風会に参加したいと思っている．その辺の気持の変化を話してもらって，それからF子さんのことも話してもらうということでいいでしょうか．

　その後，合同ミーティングで再度討議され，火曜日に話し合いを持つことになった．

② 7月24日
（略）

　増田　前からF子さんが皆にあだなをつけて，ばかにしたように言ったり，男の人に抱きついているの見てて，嫌な気持ちになったり，おかしいことだと思ってた．でもF子さんに対する遠慮とか，戸惑いがあって，思っていてもストレートに気持ちを伝えられなかった．でも仲間なんだし，気持を伝えられないのはおかしいと思うようになってきた．F子さんにはもうやめてほしいし，そうじゃないといっしょにやっていけないと思う．F子さんの問題だけど，私たちの問題でもある．

　E男　僕が言われる分には気にしない．他の人については気にす

る人もいると思う．抱きつかれたりすることはやめてほしいと思う．
　増田　そういう気持，伝えたことあった……
　E男　遠慮してるとか，F子さんが不愉快になるんじゃないかとか思ってた．ほんとうの仲間なら，もっとちゃんと言うのがほんとうだと思う．
（略）
　大木　グループの中でどの辺まで許容するのか問題だし，許容の枠がいっぱいになってきて，F子さんにとってもそれがいいとは思わない．僕らにとっても重要なことだし，F子さんにも重要なことだと思う．
（略）
　F子　皆には心のどこかで気になると思ってた．ただふざけてやってただけで，皆には悪かったと思っています．
　U子　男性間の中でも自重しないと．抱きつくことも，会話で話されることも常識では考えられない．（略）やめてほしいけど，すぐに変わることは難しいだろうし，やっぱり皆で注意し合って……，注意したらよく聞いてほしいと思いますね．

　こうして，F子さんをめぐっての話し合いをグループワーカーからの提案で行った．このころから，私自身もグループの一員として発言し，行動しようと意識し，メンバーに対しても自分の意見を表出するようになってきていた．しかし，表現の方法，私自身の自信のなさ，余裕のなさから，そういう私の気持の変容がメンバーに素直に伝わっているとは言い難かった．こうした問題も含めて，F子さんをめぐる問題は，何ら解決を見ないままこの後も続いていったのである．

（6）グループワーカーへの突き上げ

　10月にはこれまでリーダーシップをとっていたN男さんが卒業し，朋友の会へ移って行った．その後リーダーの役割を取りつつあったのが，先の合宿の折，『これからは僕の時代』と発言したE男さんであったが，年齢的にも若いし，グループ経験もまだ浅いため，私はグループのリーダーの補佐的な援助に回ることが多かった．

　11月にグループワーカーの私が2週間ほどの休暇をとって休んでいた時に，スタッフの荒田さんがピンチヒッターとしてグループに参加した折に，グループの中で困っていることとして，F子さんのことが再度問題になった．

　そして，荒田スタッフから，

「そんなことばかりやっていると，皆から下に見られてしまう．年齢と行動が伴っていない．このようなことが続くと家族にも話さなければならなくなるし，爽風会ではやっていけないということを主治医にも話さなければならない」

と指摘があった．

　また，次の週には私について話題になった．

　E男　うるさい．
　R男　理屈っぽい．
　F子　狐は狐につままれた……．目がきつくて，いかにも理屈ぽくてつんつんして，文鳥_{ぶんちょう}はとまってお説教するんですよ．1つの場所にとまってお説教が次から次へと出てくる．
　荒田　どんなところが理屈ぽいのか，それを増田さんに言ったことがあるのか，やりずらいか．
　E男　やりずらいね．
　F子　言ってもわからない．増田さんの場合みんな負かされちゃ

う．ほんとうのこと言っているのに担当者に一方的に意見を通されちゃう．
　E男　理屈は通っているけど，ちょっとざっくばらんなところがない．
　荒田　飲み込まれることが多いの．
　E男　あんまりそんなことはないね．
　F子　一方的に自分の話を聞いてもらいたいみたいで通されちゃう．理屈ぽくね．
　J男　僕の場合は，担当者が「これじゃだめじゃないか」って言うとほんとうに正しいと思っちゃって，自分がまちがってると思っちゃう．
　荒田　今度の合宿は，こたつでも囲んで，心を割って話し合えればいいんじゃないかという気がする．そういうところからいっしょになって何かやろうという気持ちが出てくるんじゃないか．

　11月27日から28日にかけての定期合宿（於，岩槻青年の家・埼玉県）を行い，そこで私も加わり話し合いが持たれた．
　私から，
「私は表現がへたで，皆が私についてどんなことを感じているのか話してほしい．私の気づかなかったこともあるかもしれないし，私が納得できないことであれば話し合っていきたい．新聞づくりも続けるならば納得してやっていきたい」
と伝えた．
　メンバーからは，
「担当者は理屈ぽくって，押し切られてしまう」
「性格的に言い出すときかない」
「うるさくなった」
「僕たちに比べると頭がいい」

そして，さらに，
「僕たちは劣っている．高校も出ていないし，精神病にもなったし，劣等感がある」
と表現された．
　また，これとは別の機会に，当時フレッシュマンだったV男さんから，以前，園芸の時間に，私が，
「間引きをやって」
と言ったことがあった．それに対して，
「自分より若いスタッフに命令的に言われてプライドが傷ついた」
と言われたこともあった．
　このように，私の話し方，メンバーとの関わり，配慮のなさについてメンバーから指摘があった．この一連の出来事は私にとってはひじょうに厳しい指摘であった．私自身では解決できず，先輩スタッフに相談を持ちかけている．

（7）グループワーカーの挫折体験
　この出来事は私にとって初めての挫折体験となった．23年の人生の中で，自分なりに努力しつつやっていたことを批判されるという経験はなかった．自分自身が否定され，メンバーからの指摘をどう受け止めていったらよいのか，途方にくれた．精神的にもとても追い詰められていた．それまでの人生では，おおよそ自分のことは自分で考え，決めてきた．それで立ち行く人生だったのだ．この時には次の1歩をどう進めていったらいいのか考えられなかった．
　先輩スタッフである谷中さんに思い余って相談をした．私がやどかりの里で活動を始めて2年目の秋のことだった．
「やっと相談に来たね．ずいぶん時間がかかったものだ」
とまず言われた．メンバーから指摘されたこと，自分でどうしてよいかわからないことを伝えた．そして，その相談の中で「確認」の

作業をしていくことを助言された．自分が思い，考え，発言したことが，相手方にその時にどのように伝わっていたのか，それを確認できる時には，確認させてもらうということだった．それは，自分がその時どんな思い，考えでいたかを意識することであり，自分が思ったことを的確に表現できていたかを確かめることであった．

　もう1つの助言は，自分のフィルターをなるべく小さくして，目の前に起こっていることを受け止めることを意識することであった．これはこれまで自分なりに作ってきた価値観をいったん棚上げして，自分の固い枠組みを広げていくことを目指すことであった．

　結果的にはメンバーとの対話が増え，メンバーとの関わりを一歩進めることにつながっていった．

　これ以来，スタッフの谷中さんからソーシャルワーカーとしてのスーパービジョンを受けることになった．これまでの人生の中で，人に相談することをほとんど経験してこなかった私が，これを契機に，自信のないこと，判断に迷うことを逐一相談しつつ進めることになったのである．

　F子さんをめぐる問題が解決を見ないまま半年以上が経過した．メンバーから私への厳しい指摘もあり，内部的に波乱に富んだ開始期となった．経験の浅いワーカーゆえの未熟さと，それだけに仲間に近く，お互いに本音の部分で語り合える良さを持ったグループの雰囲気が徐々にかもし出されてきていた．決してスムースにメンバーとワーカー，あるいはメンバー同士の波長合わせが行われたわけではない．むしろぎくしゃくとした関係で，お互いにがまんし合い，がまんが限界までこないと次の展開が生まれてこないといった，いかにももたもたとした歩みのグループの開始期であった．

3．内的な危機を乗り越えて

1）確かめの作業を積み重ねて＜発展期＞

　メンバーからの突き上げを機に，私とメンバーとの距離が徐々に狭まってきた．Ｖ男さんは私にいろいろと話しかけてくるようになったし，メンバーも，Ｆ子さんから攻撃の的にされている私に対して，同情的になってきたのである．

　そんな折，浜砂会（爽風会，朋友の会メンバーの家族の会）の例会に出席したメンバーは，やどかりの里の財政危機の話を聞き，爽風会でも何か手伝えないかという提案がなされた．

　Ｅ男　やどかりの里は財政危機だという．浜砂会の内職の手伝いをしたい．財政危機も，時間が経てば大丈夫と考えているのではないか．でも，やどかりの里がなくなったら困るから．
　Ｒ男　僕たちも協力して，危機脱出の手助けをしたい．
　Ｖ男　やどかりの里がつぶれるのは困るけど，実感はない．でも危機を乗りきるために協力はしたい．
　（略）
　荒田　やどかりの里がなくなったら困るというのは共通しているね．
　Ｈ男　やっぱり仕事なんかして調子よくいけばいいけど，症状が出たりするとどこにも相談できないし．
　（略）
　Ｒ男　活動が中断してしまうし，今までのことがむだになる．将来朋友の会にも入りたいと思っている．まだ早いとは思うけど，皆自分たちで働いて収入得ているし，偉いなと思うし，そういうふう

にしてみたいと思います.

　メンバーの関心が，自分たちのこと以外に向いてきている．やどかりの里の財政危機を1つのきっかけとして，自分にとってのやどかりの里の意味，爽風会への動機づけが再度確認されている．この後，こうした確かめが何度もくり返されていった.
　また，プログラムとして決定した新聞づくりについても，その意味が問い直された.
　V男さんから，なぜこのグループはプログラムの変更が多いのかと疑問が出された．グループワーカーから，それは大事な話だから，予定を変更して，そのことについて話し合いたいと提案し，メンバーの賛成を得た.

　V男　なぜプログラムの変更が多くなったのか．その原因は……
　R男　ミーティングと新聞づくりが重なると座りっぱなしで……
　（略）
　E男　なぜ新聞づくりをするのか，その意義はわかるけど……
　V男　意義はわかっていても，その後の作業がね……
　E男　新聞づくりは，やる前が嫌で，やってしまえばいい．寒い日にお風呂に入るようなもの．どうして新聞づくりをするのか，確認の意味で，どんなところがプラスになるのか言ってもらいたい.
　V男　自分たちの主張を形に残して知ってもらうというか……
　R男　今の爽風会はこんなことやっている，考えているって伝える意味でいいと思うんだけど……
　（略）
　E男　担当者は，押しつけるっていうのは困るけど，リードするっていうか，そういう役割をとってほしいな.
　（略）

V男　プログラムも自分の好きなことばかりではなくて，苦手なこともやらなくては，やったほうがいいんじゃないかと……
　R男　僕もあまり好きではないけど，やらなくてはならない．嫌だけど爽風会に必要だから……

　こうして，11月の合宿で，「グループワーカーに押しつけられる新聞づくりは嫌」と言っていたメンバーが，「嫌だけど必要だからやらなくては」と言い，私には「もっと皆をリードしていってほしい」と要望が出た．
　11月の合宿以来，私の姿勢も変化した．少しグループからさがった所に位置し，メンバーの主張・意見を受け止め，それに沿って動くといった形で，結果的には，けじめのない，だらだらとしたグループになり，そのことについてメンバーのほうから問題提起があったわけである．
　私は，開始期にはグループ活動のリーダーシップを取り，グループがスムーズに運営されていくことに力を注いできた．そこに目が奪われ，個々のメンバーの思いを受け止め，その思いを重ね合わせながら運営していくことができずに，メンバーからの突き上げがあった．そのことの反省から，グループ全体の運営よりも，個々のメンバーの思いを受け止めることに力が注がれることになった．ベテランのグループワーカーであれば，そのバランスを勘案しながら，グループワークを進めるのであるが，経験の浅い，新米グループワーカーは，そのバランスをとることができなかったのである．
　しかし，この数か月の私の控え目な姿勢，待ちの姿勢は大切だったと思う．メンバーとの距離を調整していくことにつながっていったからである．

2）グループの危機にさらされて

　開始期のＦ子さんの問題は解決を見ないまま問題行動は続いていた．あだなを言う，男性に抱きつくといった行動のほかに，私に対する敵意の表出が激しく，メンバー，ワーカーともにストレスの多い日々を送っており，許容度の高かったメンバーの見方も徐々に厳しくなっていった．

12月5日
Ｖ男さんが，朝次のように訴えてきた．
「昨日，Ｅ男さんとＦ子さんと喫茶店に行ったんです．そしたらＦ子さんが僕に飛びついてキスするんです．やどかりの里にいる時と変わらない調子で騒いでいて……」

12月19日
　朝からＦ子さんがＥ男さんに「猫の肌ざわり」と言って背中をなでる．Ｒ男さんには「スイカ，ダダダダ」と笑いながら言っている．Ｊ男さんには「赤ちゃんのお耳」と歌いながら……．Ｒ男さん，「言ってもわからないんだからむだだな」……

　この様子を見兼ねて，私は「ミーティングで話し合おう」と提案した．Ｆ子さんは，
「ミーティングで取り上げるのはくだらない．面接で話せばいい．ミーティングで話すと恥になる」
と言い，このやりとりが続いて，男性メンバーは下を向いてしまった．

1月9日

　V男さんが朝，事務室に来て，「今日はたいへんですね．F子さんがいつもの調子で，昨日もお茶の時間に呼びに行ったら『うるさい』ってどなるんですよ」と訴えた．活動開始前に実習生が部屋に入って来ると，F子さんは「フニャッ」と声をかけた．

　私が「もう今年はあだなを言ったりするのよそうよ．F子さんだけでなく，皆も気をつけよう」と言うと，

　V男「でも，言っていい時もあるのでは」

　増田「その辺の区別，F子さんはつきにくくなっている．やっぱり皆も協力してあげなくては」

　F子さんは「冗談なのに……」と口の中でぶつぶつ言っていた．

　昼食の時，荒田スタッフがいなくなるとあだなを言い始め，朋友の会メンバーに抱きついたりするので，V男さんやE男さんは「食欲もなくなるな」と言う．

1月16日

　昼休み，F子さんがあだなを言ったり，E男さんにべたっとくっついたり，寝っころがって足を組んで，テーブルの上に足を乗っけたりするので，私は，

　「この調子が抑えられないなら，隣の部屋で休んでいていいわよ」ときつい口調で伝えた．

1月19日

　運営委員からグループの問題について話し合いたい，と提案があった．テーマは「F子さんに対しての皆の態度について」であった．

　V男　自分も含めてメンバーの態度に芯を入れていかなくてはと感じたけど，実際そこまで徹しきれない．けしかけることはやめた

けど，これからも気をつけなくてはいけない．
　荒田　グループの中でお互いにけしかけるところはあったの．
　V男　ありましたね．見てて無邪気で可愛いらしい．ついのっちゃう．
　V男　やってることはえげつない．気持は無邪気．
　荒田　グループの中で許してしまう．
　R男　自分でやめようと思わなければだめだと思います．
　F子　その時は夢中でついやっちゃう．

1月23日
　E男　それにしても，うっかり冗談も言えない．常識的な冗談ならいい．注意したりしていけば……
　荒田　それは，今まで注意したりしてやってきたわけでしょ．
　V男　スタッフは注意するけど，メンバーは中途半端．
　E男　今までの見てるとF子さんだけ心を改めてやる．皆は重大なことと考えていなかった．それで許してしまっていた．
　荒田　グループの中でできるかできないかは別にして，グループの規範を作っていかなくては．
　（略）
　E男　F子さんが極端にひどいこととか，人を傷つけることを言った時には注意していって，それでだめならまた話し合っていきたいと思います．

2月20日
　F子さんがE男さんの股間を触った．私はそれに気づいて，E男さんに，
　「そんなことをされて平気なのか，私はそれを見て見ぬ振りはできない．どしたらいいのか」

と問うた．

2月22日
　V男さんが，
「F子さんがいるなら，これ以上，苦しくてグループにくることができない」
と私に訴えてきた．それを聞いて，私はグループの主要メンバーに集まってもらい，緊急の話し合いを持ち，全体のミーティングで再度話し合うことになった．

2月23日
　V男　今週はずっとたいへんだった．担当者に話したことを告げ口ととられて，もうここに来るのよそうと思ったんだけど，逃げちゃいけないと思った．
　（略）
　R男　僕はよく新聞見てスイカ出してると言われた．ひじょうに嫌だった．がまんしてきたのは表面上で，ほんとうは頭にきたりしてた．そういうことを絶対やらないような方法を考えたい．
　E男　僕は女の子だから……男だったらとっちめてやれば治ると思うんだけど…….（略）
　R男　最近またね，頭の匂いかいだり，何回注意しても，そういうこと直してもらいたい．
　V男　「やったら最後」って言うの忘れていました．
　荒田　それを覚えてて，守れなかったのはメンバー1人1人が悪いぞ．許されたことになる．口約束にぜんぜん重みがなくなる．
　（略）
　増田　今のことで2つのことがあったと思うの．1つはけしかけることをしないこと．これは1月からずい分気をつけてきた．もう

1つはF子さんがふつうの場面で言ったり，行動したりした時は，それを現実にもどすようにすること．そのこと，私自身，グループ担当者として今やっていける自信がないのね．そういう時のF子さんには私の理解できないところがあって，どうしていったらいいかわからないし，方法も浮かばないわけ．だから，私はそのこと約束できない．

　V男　本音を言えば，今いっしょにやっていく自信がない．
　J男　増田さんの意見に賛成．
　V男　酷だという気持はわかるが，しばらく間を置きたい．
　（略）
　増田　もうグループの中でだめだと言っているんじゃないのよ．少し1人で考えてほしいということなのよ．そして，態勢を整えて，またグループでいっしょにやっていきましょうということなの．

　F子さんの問題がグループの中で問題になって1年以上が経過した．ここに記したのは，そのごく一部で，紙面の都合で書き切れないことが多い．この出来事はグループメンバー，グループワーカーを嵐の中に巻き込み，混乱させ，疲労させた．グループ存続のための大きな危機であった．ここで驚かされるのは，やはりメンバーの許容度の広さである．この後も「グループを除名はできない．グループの中で何とかしていきたい」とメンバーは語るのである．やはり，同じ病気の苦しみと，やっと出会ったやどかりの里と仲間の大切さを，それぞれが身をもって感じていたからであろう．
　その後何回かの話し合いの結果，F子さんの問題行動は病状の悪化でもあり，このままグループ活動に参加しながら問題を改善させていくことは難しいのではないか，ということになり，グループ活動からはずれてもらうこととした．
　しかし，このことを通じて，グループではお互い本音でつき合わ

ざるを得なくなり，グループのまとまりは強まっていった．これをばねにグループは成長することになる．多くのエネルギーを費し，疲労しながらも，危機を乗り越えたグループは，次の展開を見せていく．グループメンバーとともに，グループワーカーも成長していった．

3）活動の充実をめざして

　グループとしてのまとまりが徐々にできつつあり，フレッシュマンT男さん，グループにカムバックしたF子さんを迎え，新年度が始まった．年間の目標を「豊かな交流と自律」とした．昨年の反省を踏まえて，相手のよいところを見つめて真の交流をしたいということを基本姿勢に，自分で積極的にやっていきたいという気持ちが込められていた．

　活動に対する意気込みは新聞づくりに反映していった．5月4日に行った埼玉県精神衛生センターデイケアとの交流ソフトボール大会について，新聞で取り上げようということになった．この号からワラ半紙裏表のものから冊子型の文集のスタイルにすることになった．メンバーからは「皆のやる気さえあればできるよ．家でやってもいいし」と発言があった．その後，なぜ特集を組んだかについてミーティングで話し合い，V男さんがまとめてくることになった．

　　特集にあたって
　　交流試合を通して　チームワークを学び考えた
　私達爽風会メンバーは，試合を前にしての張り切った練習，話し合い，ルールの勉強等を通して色々な事を学び得ました．自発的に休日でもやどかりに来て練習をやる事ができた．又，怪我したメンバーへの思いやり．その中で私達はソフトボールを通してチーム

レイということを肌で感じた．そして当日私達は真剣に試合に臨んだ．緊張しながらも実力を出せたのは，それまでの試合に臨む姿勢が物を言ったといえると思う．みなが一丸になってやった．正しくチームプレイの開花であった．そして，これは爽風会自体を見直す材料になったと思われる．そして，センター側との交流という点でもそれぞれ良い勉強になった．このような各メンバーの気持ちをできるだけ正確に載せたいという事で，今号の「ひまわり」は，ソフトボール交流試合を「前にして」と「終えてみて」の両方の感想文をけずらないで載せ，そのため冊子型にしました．各人の気持ちを文章から汲み取って頂ければ幸いです．

4）フレッシュマンT氏をめぐって

4月からフレッシュマンとして入会したT男さんは参加当初緊張が強く，グループに入ってもそわそわと落ち着かなかった．一方で，自分勝手な行動が続き，メンバーから批判の目で見られるようになった．そうした雰囲気の中で5月17日の運営委員会で話題になった．

　E男　新人らしくないところが気になる．自分のやりたいことを主張するのはいいが，皆といっしょにやろうとしない．
（略）
　R男　テニスやってる時，へたなプレーをすると大声出して笑って，そういう時気分悪くする．
　J男　僕も始めはそうだったよ．自分のことだけでさ．
　E男　プライドが高いんだね．
（略）
　J男　夢中なのかもしれない．前は僕もそうだった．開放されたい．時間が必要なんじゃないかな．

田口　今，一所懸命いいところ見せようとしているのかもしれないね．
　（略）
　Ｅ男　今の爽風会メンバーの性格は言えない人が多い．僕が入ったころはすごかったもんね．ぼんぼん言われて……
　増田　自然な中で，皆から言ってあげられたらいいね．頭のどこかに入れといて，チャンスを見て，何気なく言うとかね．

5月30日
　蝶事件が起こった．活動の部屋に入って来た蝶をＴ男さんがつかまえて，恐がるＦ子さんの前に放ったのである．私はＴ男さんに「やめなさい」と注意し，Ｆ子さんにあやまるようにと言った．それに対してＴ男さんは，
　「そんな大したことじゃない」
と言い放った．

5月31日
　運営委員会でＴ男さんについて問題になった．フレッシュマン担当の荒田スタッフから「グループで話し合う時間を作ってほしい」と提案があった．

　Ｔ男　4月5日から来まして，1か月と25日くらい経つんですけど，僕のこんなところ困るんだということがあったら言ってほしいんだけど……
　（略）
　Ｖ男　昨日の蝶の件だけど，Ｆ子さんを脅えさせておいて謝らないでしょ．そういうところがわからない．
　Ｔ男　謝りました．謝りましたよね．

増田　私は聞こえなかったけど……
　Ｔ男　ああ，知らん顔してたんだ．他のこと話してたんだ．Ｆ子さんには謝まりました．
　Ｊ男　増田さんが注意したのに笑ってた．
　Ｒ男　こういう話題に笑ってる．
　Ｔ男　蝶ぐらいで大したことないと思うんですよね．
　Ｒ男　テニスやってても失敗すると笑っていたり，Ｑ男さんがしゃっくりすると，そんなのおかしくないと思うんですよね．
　Ｔ男　軽蔑しているわけではないけど，何か漫才やってるみたいで，もっと真剣にやればいいんじゃないかと思うんです．
　荒田　やってる人は真剣にやってるみたいね．さっき，蝶ぐらいで騒ぐことないって言ってたけど，皆の話を聞いてどう．
　Ｔ男　恐い人もいるんだなと気がつきました．
　荒田　Ｔ男さんは今までの生活した中で得た価値判断でやってきた．でも皆の気持ちを聞ける耳を持っていかないといけないな．
　Ｔ男　Ｓさんから素直になれと言われ，参考になりました．

　この後，6月14日の合同ミーティングで，Ｔ男さんはメンバーとして承認された．このＴ男さんをめぐるグループの動きの中には，Ｆ子さんの問題を教訓として，一回り成長したグループの姿が見られる．1つはＴ男さんに対する感情を素直に表出できていることである．そして，それをグループの問題として捉え，討議するタイミングが早くなっている．その中にはＴ男さんの問題点を指摘するだけでなく，彼の気持を洞察する姿勢が生まれている．こうしてグループの厳しいとも言える指摘を受けたＴ男さんは，その後グループの主要メンバーとなっていった．

5）ふたたびF子さんをめぐって

6月25日，F子さんのことで話しがしたいと，V男さん，E男さんが切り出した．
「前日，やどかりの里の帰りに，バス停からやどかりの里にどなり声で電話をかけた．周りには他の人たちもいるし，そういう人たちにどう見えたか，自分たちも迷惑だし，やどかりの里の印象が悪くなってしまう」
その後，F子さんはグループの中で行動がコントロールできなくなり，私はグループをはずれるように伝えた．この後，「相談のため来里」という形になり，グループからはずれることになった．

6）夏季キャンプを主催して

大宮にある猿花キャンプ場で夏季キャンプを行うことになった．初めてのテント生活であり，テーマを「野外生活の中での自律と交流，テント生活への初チャレンジ」とした．

夏季キャンプの反省会より

増田 夏季キャンプを主催して，どんな気持で臨んできたのかしら．
R男 終わるまでは責任持って一所懸命やらなくてはと．朋友の会の手助けもあった．
E男 朋友の会は力があるって言われるけど，爽風会でも力があるってこと示したかった．
V男 主催が決まってえらいことになったなと．今は一応やれて，

全体的に充実していたという気持ちを持っています．
　（略）
　奥出　キャンプの時に「去年とぜんぜん違うね」という声が聞こえたけど．
　R男　去年の経験が生かされたと思う．今年もたいへんだったけど，経験が生かされてよいキャンプになって楽しくできた．
　E男　去年はたいへんだったが，今年は慣れてゆとりができた．
　奥出　今年もかなり忙しかった．去年の忙しさと違うのかな．
　E男　去年は自分のことばかりで忙しかった．今度はいろいろとファイヤーの準備とかで忙しかった．
　荒田　やはり，自然の中で生活するのはたいへんだったと思う．今度のキャンプはよくやったなと思う．去年経験してきた人たちはゆとりができたし，少し周りを見て動けたし．今年初めての人にもそれがどこかで引き継がれていたように思う．

　1年前のキャンプでは，力がないから朋友の会や会員とはいっしょにやれないと言われていた爽風会が，夏季キャンプを主催することができた．これは大きな自信となった．いろいろ問題となるところはあったし，朋友の会の助けも借りたが，1人1人のメンバーの動きは昨年とは大きな違いを見せていた．

7）バザーへの取り組み

　キャンプを終え，活動には工夫がこらされるようになってきた．ソフトボールの練習に新しい方法が導入されたり，新聞づくりの企画も自分たちだけの考えではなく，朋友の会のメンバーの声を載せようという試みをしたり，今まではグループワーカーが行っていたミーティングの記録を，テープ起こしをし，まとめて記事にすると

いった仕事も，自分たちでやらなくては，とメンバーの自主的な動きが出てきたのである．グループ全体が盛り上がりを見せていた時期でもある．

10月18日
　合同ミーティングで，私はやどかりの里の財政の状況を伝えた．メンバーからは「やどかりの里の財政難は爽風会が大きな原因となっているのではないか．自分たちが払っている活動費では当然十分ではないのだから」という疑問が出された．でも「自分たちにとって爽風会，やどかりの里は必要であり，爽風会でできることはやっていこう」と意志が確認された．

10月28日
　奥出さんが白内障手術のため2か月の長期休暇に入るのに伴い，奥出さんの担当していた火曜グループをどうしていくかという話し合いがなされ，火曜日はバザー準備に当てることになった．

11月8日
　爽風会としてバザーにどう取り組むかを話し合った．1975（昭和50）年の財政危機の折のバザーの話をスタッフの志村さんから聞いた．スタッフの谷中さんが心臓が悪く，スタッフ総動員でバザーに関われる状況ではないということを私から伝えた．行事が重なり，準備が遅れ，品物が集まっていないことを知ったメンバーは，やどかりの里周辺の家々へビラを配ることと，記者クラブへ記者会見に出かけて行くことを決めた．そして，朋友の会にも働きかけて，いっしょに協力していこうということになった．

11月11日

荒田さんとともに記者クラブへ．

11月12日
　ビラ配り．配っている途中，地域の主婦と立話をし，やどかりの里に好意的な反響を知り，うれしかったという報告があった．

11月14日
　12日のビラ配りの反響が出て，手分けしてメンバーが取りに行った．

11月18日
　バザーのことが朝日新聞に掲載され，朝から電話が鳴りっぱなし．私は電話の応対でグループに入れず，メンバーは自主的にポスター描きを進めていった．この週から私は朝とお茶の時間ぐらいしかともに過ごす時間がとれなくなってしまった．お茶の時間に1日の報告を聞くようになり，この30分ほどの時間はとても貴重になってきた．

11月19日
　荒田さんもかぜでダウン．ピンチヒッターとしてグループに入った谷中さん，「メンバーに元気づけられてしまった」と笑っていた．

11月25日
　品物が多くなってきており，整理することになった．品物が増えていくことを通して，メンバーは多くの人の協力があることを知る機会となった．

12月2日

品物が続々と集まり，やどかりの里の部屋という部屋は品物で埋まった．浜砂会，朋友の会，スタッフとともに，一丸となって品物整理と値付けに当たった．

12月3日
2回目のビラ配り．多少疲れを見せるメンバーもいるようであった．

12月6・7日
近所の家にリヤカーを借りに行ったり，男性の多い爽風会はバザー前日から当日にかけて荷物運びに力を発揮した．

こうしたバザーへの取り組みを通して，それぞれがどう感じたかを話し合った．

- 朋友の会，浜砂会，爽風会が一丸となって行ったことが成功につながったのではないか．浜砂会のお母さん方のテキパキとした値付けの仕方，朋友の会の人たちの売り込みの姿勢など勉強になることが多かった．
- 今まで同じ病気をした人との交流はあった．今回のバザーでは地域の人と接する機会もあり，爽風会にとっても，自分自身にとっても，広がりが持てたような気がする．バザーを通じて自分自身成長できたと思う．

スタッフは「その人の力に応じて役割を果せた．爽風会もやどかりの里の一員，ともにやどかりの里を支えるという意識が伝わってきた．1人1人がバザーを通じて力をつけてきたことが何よりうれしかった」と語った．私は「いっしょに行動し，活動できる時間は少なかった．でも，私が他のことをしていても，皆は皆の持ち場で

やってくれていると任せられる気持，安心感があった．そして，とても助けられたと思っている」と述べている．

このバザーへの取り組みは，このグループにとって，新たな動きであったと言えよう．「援助される，援助する」といった関わりではなく，スタッフの言葉にも表われているように，「やどかりの里の一員」「ともに支える存在」であったのである．メンバーも，自分たちのやどかりの里，爽風会を守るために，自らの意志で活動し，私もやどかりの里を支えるために活動するといった，同じ場面を共有することは少なかったが，活動へ向かう意識は共通するものを持っていたと言えよう．ここで始めてメンバーと私はいっしょに活動することができたのではないだろうか．

バザーに向けての活動であわただしい中でも，新聞づくりは続けられていた．プログラムをスポーツから新聞づくりに振り向けても，何とか新聞を作り上げようという意気込みがあったのである．

この発展期は，1人のメンバーをめぐる問題がグループを大きく揺るがし，その結果として築かれたグループのまとまりをもとに活動が行われ，バザーに向けてその盛り上がりは最高に達している．
自分のことしか視野になかったメンバーが仲間のことも自分のこととして捉え，さらには，自分の所属する機関であるやどかりの里についても考えられるようになってきている．自分の悩み，苦しみにのみに捉われていたメンバーが，苦しみ，悩み，自分の思っていることをグループの中で表出できるようになり，徐々に自分の問題の捉われから開放され，自分自身を開放していった過程でもあった．

また，キャンプ，スポーツのつどい，バザーを通して，自分たち

にもやれるんだという自信を持つとともに，周囲から爽風会の力量を認められていく中での成長も大きかった．行事の後には必ず反省会を開き，また自分たち以外の声を聞く姿勢を持つようになった．グループの中で小さくまとまっているのではなく，他のグループとも意思の疎通を図ってきたことも重要であった．

4．活動の充実の中で＜成熟期＞

　新聞「ひまわり」（私が先輩から引き継いだグループでは，新聞づくりがプログラムの1つになっていた．先輩たちの作っていた新聞「爽風」は文集「爽風」に発展し，爽風会を終了したメンバーで構成されている「朋友の会」の有志によって，雑誌「爽風」となった．新しいグループでは，1978（昭和53）年度より新聞「ひまわり」と名前を変えて発行してきたが，文集「ひまわり」へと成長し，定期発行を目指すよりも内容の充実を図っていこうとしたのは1980（昭和55）年度の大きな特徴であるが，さらに文集の企画がグループを動かしていくことになった．

1）メンバーとワーカーの関わり

　爽風会ではそれぞれのメンバーが個別の相談をする個別担当者を決めていた．一方，必要がある時には，メンバーはやどかりの里に関わるスタッフ（グループワーカーも含まれる）に面接を要求することができた．私に対しても個別の面接要求が多くなり，少しずつメンバーから頼られる存在となりつつあった．その反面，グループ活動の，殊にスポーツの場面では，スポーツの苦手な私をメンバーが手取り足取り指導したり，へたながらも一所懸命頑張れと励まされる，という関わりもあったのである．メンバーとワーカーの関係

はつねに一定ではなく，場面・状況によって変化するものであった．

2）個別の問題をグループで

このころになると，その時必要なことがあれば，臨機応変に取り上げていこうという柔軟な姿勢がグループの中に生まれていた．

(1) 友達づき合いがうまくいかないJ男さんの悩みを話し合う

グループのまとまりができてくると，反面，そこに入れないで，排斥されてしまう人が出てくる，という残酷さをグループは持っている．私はそうしたメンバーの存在について，メンバーに皆で考えてほしいと提案している．

J男さんは爽風会で長年活動してきたメンバーである．友達づき合いをしたいと強く望みながらも，どうしたら仲間と親しく話せたり，スムーズにつき合っていかれるのか，いつも悩んでいた．多くのメンバーが今の流行歌を好んで聞くのに，彼は童謡や昔の流行歌が好きで，自分の趣味の歌をいっしょに聞いてくれることを仲間に求めたり，自分でこうしたいと思うことを主張することが多かった．みんなと出かける機会があって，道路を歩いていても，車の来ないことを見極めた上で，信号が赤なのに道路を横断する仲間の行動が許せず，憤慨してしまうこともあった．私は，J男さんの個別担当者でもあったので，彼から友達がほしいという相談を受けて，面接で話し合うだけでは解決しないので，仲間にその悩みを話し，まずはJ男さんの思いをわかってもらうこと，仲間に相談してみることを勧めたのである．

小学校時代から病気の兆しを持っていた彼は，友達を作った経験がほとんどなく，友達がほしいという強い願いを持っていた．しかし，グループ活動では自分の思いを通したいという気持ちも強く，

グループの中でも他のメンバーとなかなか折り合いがつかず，どうしても親しい仲間ができないというジレンマを抱えていた．私はそうした彼自身の背景をグループのメンバーが了解し，何とか彼がグループの中で自分を抑えるところは抑えつつ，もっと親しい関係が築けるようにならないものかと考えていたのである．そういう問題意識がこの日のグループメンバーに対しての投げかけにつながっていった．

1956年1月10日

　増田　J男さんも努力はしているんだけどうまくいかない．みんなからもこうしたらいいとか，身内の場なのだから話し合いたいと思って私から提案したんです．少しみんなの意見を聞いてみようか．
　J男　どんどん言って下さい．
　増田　J男さんの中で，なるべくみんなといっしょにいようという努力が暮れぐらいから表われていて，J男さんの辛さはかなりあったわけだよね．
　E男　喫茶店でも僕やV男さんでアドヴァイスしている．それを考えて体調なんか整えていかないと進歩がないのでは．
　増田　E男さんに言われていろいろ努力してみて，大掃除の時なんか親しみを出そうとしたら，それが皆と食い違ってしまったという，その辺の受け取り方の違いなど話し合ってみたら……
　V男　大掃除の時，張り切っているなと思うとテレビを見ていたり……相談的に話してくるので応じてきたが，僕は余裕がないのでいつも我慢してきた．でも，我慢できなくなったというのが今の気持……
　R男　メンバー間で孤立している感じ．J男さんは決め事の時，自分の我を通そうとする．好ましくないのではないかと思う．
　（略）

V男 J男さんは自己中心的，みんなもそうだけどちょっと違うような気がする．でも，めげずに頑張ってください．雑談の時，自分の話が多すぎる．それもいいけど，そればっかりだと嫌になる．

増田 時には人の話を聞いてあげたり，心がけることも大切なのではないかな．自分の関心にのみ捉われるのではなく，自分を広げていくというか……

（略）

J男 自分のことで話し合ってくれて，どうも有難うございました．

(2) フレッシュマンのW子さんをめぐって

1980（昭和55）年9月からフレッシュマンとして参加していたW子さんは，当初から周りの状況に関わりなく自分のペースで行動したり，また体力がないため活動を休みがちであったため，グループの中で問題になっていた．活動中のW子さんは，関心のあることにはその場の状況に関わりなく質問したりするということが続いていたが，メンバーはその時々に応じて問いに答えてたり，聞き流したり，忠告したり，うまく対処していた．W子さんはグループ活動に参加する動機づけがあまり強くなかった．家族や主治医に勧められて参加してきた人であった．だから，自分の興味のあることはいいけれど，たいへんなことや関心の薄いものについては，あまり熱心に参加しないというところがあった．当然そこで話し合われていることを聞く姿勢もあまりなく，聞いていないからみんなと行動をともにできないという場面がたびたびあった．また，多少おせっかいな行動もあり，自分でもよくわかっていないのにもかかわらず，見当はずれの助言をしたりすることもあった．すると，グループでは先に進みたいのだけれど，どうも彼女にブレーキをかけられてしまうというようないらいら感があった．

そのW子さんについてV男さんから問題提起があり，グループで話し合うことになった．

1956年3月27日

　V男　正直言って，今日落ち込んでいて過敏なんだけど，W子さんの行動が気になってすごく疲れた．（新聞の印刷をしていて，刷り上がったばかりの）紙を重ねてもインクがつかないとか，知らないで言っているみたい．

　増田　不確かなところを断定されて，いらいらしたのね．

　V男　ささいなところだけど，今日は気になった．それに，前にあれだけ言われたのに改まっていない．悪意にとっているわけじゃないけど，迷惑なことが多い．

　（略）

　増田　私が思うには，V男さんがこういうところに出したというのは，自分が苦しいのもあるけど，W子さんのこと考えて出してくれたと思うのね．どう考えていこうか．そういう時どうしたら人間関係がうまくなるのかな．みんなにもあることでしょ．共通課題として考えてみて．

　V男　もっとみんなに任せたら……何でも自分がやるんじゃなくて．

　W子　迷っているのを見ると助けたくなっちゃう．

　（略）

　V男　やはりW子さんから見て迷っているように見えても，もっと信頼して，もうちょっと待っていてほしい．自分でやりとげることが大切だから．

　増田　待つということね．V男さんたちの気持ちをW子さんは知らなかったんじゃない……

W子　うん．どうしてそう思うの，じろじろ見るから……
（略）
増田　今までそういう気持になった時，どうしていたの，がまんしてたの……
J男　そう．
増田　W子さんは皆ががまんしているの知らなかったでしょ．がまんしちゃうの得策じゃないね．
V男　僕もこのままがまんし通そうかと思ったんだけど，どこまでがまんし切れるかわからないし，喫茶店とかでの甘い関係じゃなくて，もっとみんなのいる厳しい中で言うことが必要じゃないかと思う．
増田　それは厳しいことだけど，W子さんのことを考えてのことだと思う．
V男　僕としてはきつくなるけど，ほんとうだと思うから言うけど，W子さんに言われると迷惑に感じることが多いということを認識してもらいたい．（略）こちらも今反省したんだけど，気になったらその時言うべきだった．
増田　うやむやにすることが相手のためにならないんじゃないかという提案でしょ．相手に厳しくするのは自分にとっても厳しいことだよね．

　こうして，グループの中で個別の問題もグループの問題，自分たちの問題として捉えていこうという姿勢が出てきた．このようなミーティングも当然必要であるという雰囲気があり，仲間内で助けられることは助けていこうという気運が高まっていった．私はグループの動き，グループメンバーの動きを見ながら，グループの中に問題を投げ込んでいる．私と個々のメンバーとの関係も密接になっている．ミーティングで問題になったメンバーには必ず個別面接を行う

などして，サポートを行っている．

3）新年度を迎えて

　それまでリーダーシップをとっていたE男さんが朋友の会に移行し，V男さん，R男さんが中心となってグループをリードしていくことになった．
　プログラムを決定する際に次のような話し合いが行われた．

　V男　新聞づくりの意味がわからなくなっている．言っていること，内容がひとりよがりのような気がする．自分で自分をほめているような……
　増田　もっとシビアに見なければということね．
　V男　もっと読む人を魅きつけるもの，望みが高いかもしれないが，売ってもおかしくないものにしたい．
　T男　僕らは精神障害という重みを持っている．それがどうしてとりつかれたのか，どう克服できるのかとか，そういうことを考えていく中で新聞づくりは役に立つ．
　（略）
　増田　ただ心配なのは，この日は私が入るから新聞づくりになるというのでは，みんなのものにならない．
　V男　そんなイメージもあるが，新聞を作っていきたいという人もいるし，問題はないと思う．でも増田さんのいる日にミーティングをやりたいね．
　（略）
　増田　前半は全部ミーティングにしたらどうかしら．その中で自由にいろいろなことを出して……
　V男　そうやって深めていく中で，新聞づくりの素材になること

が出てくるかもしれない．

　運営委員についても，これまでは行事予定などを話し合うことが中心であったが，今年度はそれに加えて，グループのその時々の問題についても積極的に話し合っていこうということになった．
　1981（昭和56）年度には，新しいグループワーカーが参加することになった．昨年まではスタッフの荒田さんに援助を求めることが多かったが，この年からは私が中心となり，新しいグループワーカーとともにグループに携わることになった．私が爽風会の主担当の役割を果たすことになり，グループワーカーとして，こんなグループ活動を展開していきたいというような思いも出てくるようになった．その1つがミーティングを大切にすることであった．何かを決めるとか，あらかじめ決められていたあるテーマに沿って話し合うというのではなく，その時の構成員が必要だと思うことを出し合って，話し合っていくフリーミーティングを重要視し，それぞれが自由に自己を語る場を重要視した．

4）運営委員会の充実

　これまでの行事の運営のための運営委員から，実質的な運営を行う委員会にしていこうということになり，これまで私が行っていたが，運営委員会で予算を立て，活動計画を立てていくことを始めた．
　また，グループの問題について話し合っていこうということに関しては，やはり個別のメンバーのことが話題になっていった．運営委員会で話し合うことが，そのメンバーに対する批判になるのは嫌だという意見もあったが，問題点を出し合い，そこをどう建設的に考えていくのかが重要であろう，ということになった．
　運営委員会の意味について私は次のように記録している．

「……メンバーのメンバーに対するケースカンファレンスということではない．ある意味ではグループの問題を通して，今の運営委員の3人が自分を語り，見つめる場にしたいと思う．今回はW子さんのことが話題になったが，それを通して，彼女に対し，言いたくても言えない自分，なぜ言えないのか，言えないことがどんな意味を持つのか，彼女にとって大切なことは何か等々のことについて考え，彼女の苦しさを理解してほしいと思う．これは，くり返し，くり返し話し合うことによってわかっていくことだろう．こちらの焦りは禁物．情報の選択，情報量のコントロールはこちらの役割」

　運営委員の充実について問題提起しているのは私だった．第Ⅰ期のグループがモデルとして存在しているため，グループの時期を見定めて，メンバーに提起していったのである．メンバーのほうにもその提起を受け入れる土台ができていたわけである．

5）フリーミーティングについて

　火曜グループ（担当増田）では毎週フリーミーティングを続けていった．当初，始めからテーマを設定しないということへの戸惑いを見せるメンバーもいたが，ミーティングを重ねていくうちにミーティングも充実してきている．

4月21日
　フリーミーティングとは．お互いが自由に語れる場に．薬と病気．薬の効果は．

4月28日

100％を求めるのではなく，今は今と思えることが大切．

5月2日
薬の役割とは何か．

5月19日
主治医とのつき合い方．

5月26日
被害妄想，幻聴について．症状がある時の過ごし方．

6月16日
担当者がミーティング中に記録を取ることについて．

7月28日
やどかりの里，爽風会活動の意味．

8月4日
家族との関わり，家族の病気の理解について．

8月18日
夏休みの過ごし方について．

8月25日
定期合宿について．

9月22日
爽風会活動の確認．けじめをつけるということ．

9月29日
体力と病気の関係．火曜グループ上半期の反省．

10月13日
スポーツの集い反省会．

10月20日
医者との関係．

10月27日
バザーに向けて．爽風会として訴えていきたいこと．

11月17日
メンバーの体験から病をどう見るか．やどかりの里をどう利用するか．

12月15日
職員からのクリスマスカードに感じること．

　6月に爽風会メンバーの再発，再入院という出来事があった．そのこともフリーミーティングを大事にしていこうという意識の高まりにつながっていった．やはり日ごろからお互いによく話し合い，よく知り合っていなくては，いざ具合が悪くなった時に支えることができない．状態が悪くなってからではメンバー同士支え合うということはとても難しい．その一歩手前で気づいていなければ，メンバー間での助け合いはできないであろう．そのためにもよく話し合っていこう，ということになったのである．

私はそのフリーミーティングを通しての収穫を次のように記している．

　「悩んでいたのは自分だけではなかったんだという安心感．今はまだよくならなくても，病気を克服してよくなっている仲間もいるのだから自信を持とうとか，それぞれの場面で感じることも多かったようである．そしてお互いへの理解が深まるにつれ，時には厳しいやりとりもあった．相手のことを大事に思っているからこそ，時には言いにくいことも言うのだという雰囲気がそこにはあったようである．仲間同士の切磋琢磨というのであろうか．それは信頼関係の中にこそ樹立するやりとりであった」

6）グループのけじめをめぐって

　内的な充実が図られつつある中に，新しいメンバーが参加することになった．前に問題になっていたW子さんや新人のY男さんらは体力がなく，疲れやすく，グループ活動を休んだり，遅刻したりすることが目につくようになっていった．そのことについて，前期の締めくくりとして行った定期合宿中のミーティングで話題となった．

　Z子　やどかりの里は思いやりが多すぎる．はっきり言ったほうがその人のためになることがある．
　ミーティングが始まると40分以内に「休ませて下さい」と言う人が出てくる．活動があるのはわかっていること，甘えがあるのではないか．「いいですよ」とみんな言うが，その人のためには注意したほうがいいのではないか．
　（略）
　V男　去年はグループがまとまっていて，ぴっちりやれていた．

それに僕もついていった．やっぱり，1人1人がある程度がまんすることが必要ではないか．
　Z子　どうしたら「だめ」が「大丈夫」になるかが大切．
　V男　担当者が甘いのではないか，調子の悪いということに気を使い過ぎている．もっとがまんしたほうがよいのでは……．自分の状態の見極めをつけることが大事．
　田口　まとまった時間に来れて，グループに入れるからメンバー，それができない人はフレッシュマンで，メンバー資格が弱い．フレッシュマンからメンバー，メンバーから朋友の会にという，これの大変さ．具合の悪い時には人に言えて，説得できるというのがメンバー．メンバーとフレッシュマンがなぜあるのかもう1度考え直したらどうか．
　V男　田口先生の話を聞いて，爽風会は甘いのではないかと思った．担当者はどう思っているの．
　奥出　甘いなあと思った．確認し合って煮つめていかなくてはいけないと思った．
　（略）
　田口　メンバーはこういうものなのだという説明がもっと必要だった．（略）今のメンバーは個人的には仲が良い．関係はできているのだから深まっていくのではないか．

　このミーティングの中でのスタッフの田口さんの発言は，メンバーにとって大きな刺激となった．グループのメンバーとしての自覚を促し，1人1人のメンバーがやどかりの里および爽風会活動の意味，仲間の大切さを確認するきっかけとなっていった．
　そして，やどかりの里にもどり，定期合宿のミーティングに引き続いてミーティングを持っている．このミーティングの後私は次のように記録している．

「私にとって久しぶりにミーティングをした思いである．私も緊張感を持って臨んだし，メンバーもそれなりの心構えで臨んだ感じである．定期合宿から引き続いて大きな山場であろう．グループやメンバー，グループワーカーそれぞれが，さらに成長するチャンスに遭遇しているのではないだろうか．大事にしていかなくてはならない．担当者自身もどんなグループを目指していきたいのか，話し合いを深めていきたいと思う．私はお互いが病気を理解するということが原点なのだろうと思う．病気を背負った自分自身を自ら受け入れることができたら，その人の生き方は大きく変わっていくのではないだろうか」

メンバー同士のつながり，メンバーとワーカーの関わり，これがある程度で出来上がってきており，両者で問題意識の芽生えがある時に，この合宿における刺激を受けると，グループは一回り成長するのである．土壌づくりと，そこへの刺激のタイミングがみごとに合致したと言える．このグループの盛り上がりがスポーツの集いを主催することに続いていった．こうして，グループのはじめの問題から始まった一連の動きは，さらにグループの凝集性を高めることにつながっていったのである．

7）バザーへの取り組み

昨年のバザーを経験しているメンバーもおり，また，朋友の会から再入院し，退院後爽風会に再入会したメンバーがこの年には数人参加しているため，それらのメンバーの経験も含めて，バザーへ積極的に取り組むことは当然のように決定されていった．さらに，この年はバザーを単に財政難のための資金獲得を目的にするだけでは

なく，一般の地域の人々と関わり合い，自分たちの主張をアピールする手段として捉えているところに大きな特徴があった．メンバーからは職員が訴えるのではなく，自分たちが訴えていかなくては意味がない，と発言された．そして，自分たちのアピールを盛り込んだちらしを作製し，当日配布したのである．このように，グループが1つの目的に向かって進んで行き，グループとしての活動に広がりと深まりを見せていった．

このころのグループの雰囲気には独特のものがあった．同世代の男性が多く，時にグループの話題なども盛り上がり過ぎて，女性の顰蹙（ひんしゅく）を買うような場面も多く出現していた．しかし，その盛り上がりは，そういった場面だけでなく，他の場面でも働き，グループ全体に勢いがあった．だれかに頼って進んでいくグループ活動ではなく，1人1人が自分の頭で考え，責任を持って行動していくようになっていたのである．時に厳しくメンバー同士指摘し合うこともあったが，大きな包容力で，まだ力のないメンバーをフォローすることもあったのである．

バザーに向かっては，昨年同様，メンバーの自主的な活動で進められ，私との関係は1つの目的に向かい，ともに進んでいく同志であったと言える．

バザーの反省会では，以前からの問題である体力のなさが問題になり，体力づくりに本腰を入れなくてはならない，ということになった．

バザーをめぐる一連の動きはグループの凝集性の高さ，グループの自主性の高まりを物語っている．グループとしては最も成熟し，ふたたび個別の問題を見据えるとともに，それぞれの自立を目指しての動きとなっていったのである．

5．自立への道＜終結期＞

1）文集「出発(たびだち)」の発行

　文集の第1ページは次のような言葉で始まっている．
　『我々火曜グループはこの1年間，新聞の発行をしなかった．グループ内のメンバー移動が激しく，内面の充実，向上に重きを置かざるを得なかったからである．毎週ミーティングに費し，感じやすい心で自分だけの病でないことを互いに発見し，啓発し合い，病識を深めてきたのである．
　（略）
　最後に，今回「ひまわり」から「出発(たびだち)」と文集の名前を変えました．メンバー自身も1つの区切を迎え，建物も新しくできるということで，それぞれの立場において今，まさに旅立とうとしているのです』

　この文からもわかるように，この文集「出発(たびだち)」はこのグループが，自分たちの成長の姿を記した集大成なのである．この文集作製に向けての意気込みには目を見張るものがあった．自分と病とのこれまでの歩みをそれぞれが書いてきた．そして，グループの中で自分たちがどれだけ成長してきたかについてミーティングを行い，それもメンバー自身の手でまとめ上げている．私はレイアウトなどの手伝いをしただけである．この文集への取り組みが行われているころ，やどかりの里の建物を新築することになり，グループの活動の部屋が取り壊され，自治会館を借りたり，やどかりの里の狭い別棟で活動を行ったりという，活動の場所を点々とすることを余儀なくされていた．グループにとって落ち着いた，決まった場所がないという

ことはたいへんなストレスを生むことでもある．そうした状況の中でも乗り切ってこられたのは，そこまでグループが成長していたからであろう．

そして，文集作製の過程はふたたび自己を見つめる作業であった．そこで再度自分を整理し，それぞれがそれぞれの形で自立への道を歩んでいった．1982（昭和57）年3月に5人のメンバーが爽風会を卒業し，4人が朋友の会へ入会した．

第Ⅱ期のグループは約4年間で1つの終結を見た．これで爽風会のグループが解散してしまうのではなく，このグループに残って活動を続けるメンバーもいるし，今後新たに参加するメンバーもいる．グループワーカーも徐々に交代していくことになるであろう．ともあれ，これで1つの時代の区切りがついたということになるのである．

6．私の中に生き続ける「爽風会」の経験

1978（昭和53）年に研修生としてやどかりの里で活動を始め，翌年からは職員として働き始めた．以来23年が経つ．当時のやどかりの里は公的な補助金がいっさいない中で活動を成り立たせていたため，事業に必要な職員を雇用する余裕はなかった．私自身も結婚する前は親の扶養家族として，結婚後は夫の扶養家族として，生活基盤を確保しながら働いていた．働く時間やそれに伴う責任は常勤職員と同じであっても，非常勤職員としての待遇であった．給与は遅配，欠配は当たり前といった状況であった．さらに，ソーシャルワーカーとしてグループ活動やメンバーへの支援を行うだけでは，やどかりの里で働くことにはならなかった．ソーシャルワーカーとしての活動の傍ら，何らかの事業を担うことを求められた．私に与えら

れたのは出版事業であった．雑誌『精神障害と社会復帰』（現在は改題し，『響き合う街で』）の編集や，雑誌を含む出版物の販売や発送が私の仕事であった．当然「爽風会」活動の傍ら，出版活動に携わっていた．

「爽風会」をともに活動した仲間と卒業した私は，出産し，母親となった．子供の小さかった数年間は，子供との時間を中心にしながら，できる範囲でやどかりの里に関わっていた．非常勤職員であり，出産休暇も育児休暇もなかった．「爽風会」はソーシャルワーカーを目指した私にとって，自分自身を磨く場であると捉えていたが，出版事業については与えられた場であった．しかし，雑誌の編集や単行本を出版する中で，編集という仕事の面白さや運動的側面を強く持つ出版活動の意味を実感するようになっていった．そして，ソーシャルワーカーとしての活動の傍らでの出版活動の限界を感じ，ソーシャルワーカーを廃業し，編集者として一人前を目指すのだと決めた．

しかし，ソーシャルワーカーを廃業したと言いつつも，「爽風会」での体験は私のからだの中に染み込んでいる．本書の出版に当たりこの記録を読み直す中で，私の中に生きている「爽風会」活動を改めて感じた．

まず，大きいのは人との向き合い方，関わりであった．爽風会では等身大の自分を見つめつつ，目の前の人とつき合っていくことの大切さ，人と関わることは基本的に楽しいことなのだということを実感した．それはどこでも大切なことであった．出版活動でも目の前に現われた人とどれだけきちんと向き合えるかが問われる．

そして，自分が今何を感じていて，それをなるべく誤差を生まずに相手に伝えること．自分を表現することが不得手であった私にとっては，出版活動の中でもつねに意識してきたことである．でも，基礎は爽風会でのたくさんの失敗体験にある．失敗しても，その失敗

を自覚し，立て直そうとする意欲があれば，その失敗が許され，自分自身を受け入れてもらえるのだという体験は，私の人生を豊かにしてくれた．

　私の中の財産になっていること，その後福祉工場「やどかり情報館」の開設に向けて，私を駆り立ててきたことの原点はやはり爽風会にある．「爽風会」の中で出会った人たちから，さまざまな形で語られた人生，病気を得，障害を持ちつつ生きることを受け入れた人たちから，生きていく上でほんとうに大切なことは何なのかということを教えられた．「ほんとうに大切なことは目に見えない」のだということ．学歴とか，どんな会社に勤めているとか，どれだけお金を持っているか，社会的な地位なんていうことは，生きていく上でそんなに大切ではない．どれだけ自分を大切にできて，ともに生きる人たちを大切にできるか，人の痛みに寄り添える感性を持てるか，そんなことだった．こんな生き方の価値を多くの人と共有していくことがやどかり情報館の大きな使命で，そのための働き手こそ，私が長年活動をともにしてきた精神障害者なのだ，彼らの働きなしにこの価値の転換は実現しないだろうと考えるようになった．

　もう1つ，話し合いを基盤にした活動づくりである．だれかが決めたことをやるのではなく，自分たちにとって何が必要か，大切かということを話し合いの中から導き出し，行動していくこと．これも私のからだの中に染み込んでいる大切な要素だ．情報を共有すること，共通の基盤を築きつつ，話し合いを重視し，決定の過程をオープンなものにしていくことである．これはやどかり情報館のさまざまな活動でもつねに意識されていることであるし，やどかりの里の全体の運営でも大切にされていることである．設立30年を過ぎたやどかりの里は，職員主導のあり方からメンバーとの協働で活動を推進していくために，さまざまな転換が図られているところである．

　入職後20数年を経て，やどかりの里全体の運営の責任を担う1人

となった私は，民主的な組織運営を目指している．その基盤は「爽風会」の経験にある．1人の突出したリーダーに依拠するのではなく，その組織の構成員が等身大の自分を見つめつつ，お互いを理解する努力を重ね，話し合いを基盤に方向性を定めていくのである．

　私が「爽風会」を卒業した当時，やどかりの里の資源，あるいは周辺の資源はほんとうに貧しかった．「爽風会」を卒業した人たちの選択肢は限られたものであった．私には出版活動があったが，彼らには何があっただろうか．忸怩たる思いがある．文集「出発」に携わった仲間たちの中で，当時やどかり情報館があって，出版活動に従事できるという選択肢があれば，いっしょに働く仲間もいたのではないかと思う．文集「出発」に込められた爽風会の仲間たちの思いや願いを，さまざまな形で世に送り出していくこと，それが私にとってこれからも大切な仕事である．

第3部

グループ活動の展開と発展

谷中　輝雄

グループ活動事始め（第1部　柳義子）とグループワーカーとしての活動の記録（第2部　増田一世）は，やどかりの里におけるグループ活動の歩みを記録したものである．

やどかりの里「爽風会」の活動の1972（昭和47）年から1978（昭和53）年3月まではグループ活動の創成期であり，この時期のものを第Ⅰ期の活動としてまとめた．この時期は柳がグループ活動を担い，メンバーとともに「仲間づくり」を推進していった時期である．彼女はグループのダイナミックな展開に焦点を当て，グループ活動の展開を発達段階ごとに整理した．

第Ⅱ期（第2部）の活動は1978（昭和53）年4月から1982（昭和57）年3月までである．この時期は増田がグループワーカーとしての成長に焦点を当てながら，グループの発展としてまとめた．

1．グループ活動の分析

1）グループ成長の期間

第Ⅰ期（第1部）のグループ成立に至る経過はひじょうに特徴がある．それはメンバー自身の必要性から要請されて形成されており，当初よりメンバーの凝集性はとても高かった．それに比較して第Ⅱ期（第2部）ではすでにグループは成立しているが，過渡期，開始期を通しての期間がとても長くなっている．これはすでに形があるものを継承したが，メンバー，ワーカーともにその継承したものを活用する力を有していないため，1度継承したグループ活動という枠組みを破ったところからしか進んでいけなかったのである．やはり，どんなグループでもゼロから出発しなくては，次のステップを踏み込むことができないのであろう．しかし，ゼロにもどったところからの歩みは，第Ⅰ期に比べてスピードアップされている．そこ

では第Ⅰ期のグループが1つのモデルとして存在し，第Ⅰ期のグループにおいて有効だったものを，タイミングを見計らってグループに投げ込むことができたからである．

第Ⅱ期のグループにおいては，グループワーカーは当然，第Ⅰ期のグループ展開についての情報を得ているし，グループメンバーも同様である．1つのモデルが成長の速度を速めていったと考えられる．

2）振り返りの作業

第Ⅰ期（第1部）と第Ⅱ期（第2部）では，グループワーカーの個性も，グループメンバーの個性も大きく違っている．例えば，第Ⅰ期は女性メンバーが中心であるが，第Ⅱ期は男性メンバーが中心である．そうした特徴によるものか，プログラムの選択に違いがある．

第Ⅰ期は新聞づくりとミーティングが中心となっているが，第Ⅱ期では体力づくりを目指してスポーツに力を入れている．第Ⅱ期のメンバーの中には，スポーツを通してグループになじめるようになったというメンバーが多く見られる．

そうしたプログラムの選択の違いはいろいろあるが，それを越えたところでの共通点は多い．

1つには行事や節目ごとの反省会を重ねてきていることである．やどかりの里の中で大切にしてきたことの1つに，「ともに体験する」ということがある．体験を共有化する中で，お互いの弱さ，苦しさを知り，それを克服するためにともに助け合いながら活動していくのである．そのために寝食をともにする合宿はグループにとって重要なものとなった．しかし，体験を共有化するだけではなく，その体験をくり返し確認し，意味づけを行ってきている．あるミー

ティング，反省会を機にグループの成長が一段と促進されるということは，第Ⅰ期，第Ⅱ期を通してしばしば見られたのである．

第2点として，第Ⅰ期，第Ⅱ期を通して新聞発行，文集発行，行事ごとに感想文を書くこと，毎日1人，1人が日誌をつけていたことなど，文章表現の機会が多かったのも，このグループの特徴として上げられる．文章表現だけでなく，ミーティングを通してそれぞれが語っていく機会も多かったのである．いずれも自己を表現することが苦手で，自己主張のできにくいメンバーにとっては，自己を語り，病気の苦しさ，辛さをお互いに共有することから徐々に自らの病を見つめ，自らへの気づきが始まっていった．グループの盛り上がりとともに新聞の紙面や文章の内容が充実していったし，ミーティングでも深まりを見せていったのである．そして，その中で1人1人のメンバーは自らの病を知り，自らの力量を知るところから，自立への歩みの第1歩を踏み出したのである．

第3点として，どちらも危機に直面し，それに揺さぶられながらも，それを乗り越えた経験を踏まえていることが挙げられる．

第Ⅰ期の危機はやどかりの里の存続の危機で，自らの存在も脅かされるものであった．しかし，その危機を自らの問題として捉え，危機を乗り越えようと活動を始め，グループの動きがやどかりの里全体を動かすほどの力を持つに至った．そして，危機を打開するためのエネルギーはそれぞれのメンバーの成長につながっていったのである．

第Ⅱ期の危機は内的な危機であったと言える．1人のメンバーをめぐる問題にかなりの長い期間，メンバー，ワーカーともに揺さぶられ，お互いに疲労し，グループの機能が麻痺してしまう危険にさらされるのである．この危機を乗り越える時にも，やはり問題を自分たちの問題として捉え，解決を図ろうと動き出すことから始まり，危機を乗り越えたことによりグループメンバー間，あるいはメンバー

とワーカーの関係は強化され,グループの成長の引き金となっていったのである.

　これまで述べてきたように,第Ⅰ期,第Ⅱ期のグループでは,メンバーもワーカーもそれぞれ違った個性を持って存在しているが,そこで営まれてきたことには,多くの共通点があることがわかる.そして,いちばん重要なことは,振り返りの作業をていねいにしているところである.くり返し述べられている点ではあるが,再度整理をしておこう.
　グループ活動の目標が立てられる.個別的な課題をグループ全体のものとして1つの計画を立てる.この計画段階からともなる作業が始まるのである.個別的な課題や目標がそのままグループ活動の目標となることはまず少ない.しかしながら,グループ活動が発展していく中で個別的な課題や希望が表出され,それをグループワーカーはプログラムの中に取り込んでいく.一定の期間を設けて振り返りの作業に入るのである.第Ⅰ期ではさまざまな出来事が起きるたびに振り返りの作業が行われていた.第Ⅱ期では合宿(2泊3日)の時に振り返りの作業を行っていた.3か月ごとに実施された合宿におけるミーティングは,今考えると適切な期間であったと考えられる.
　振り返りの作業はグループ活動全体を反省することから始まるが,メンバーは自分の振り返りを行い,自らの成長の評価としてこれを捉えることが多かった.そして,その振り返りの作業は活動をともにしたメンバーから,スタッフから,そして私のように少し距離を持ってグループ活動を見ている立場の人間からも,感想が述べられるのである.これは活動の評価とも言えるものである.
　そして,次に,やれたこととやれなかったことが整理される.このやれなかったことや,やり残したことを明確にする作業が大切な

のである．明確な時はそれは次なる課題として確認され，次なる挑戦という意味を含んだものになっていくのである．

活動の共通点としての振り返りの作業は，グループ活動の展開と発展の基本といってもよいであろう．

2．グループ活動の体験から

まず，やどかりの里におけるグループ活動の体験から共通項を抽出してみると，グループ活動の目標は「仲間づくり」にあった．そのための過程として体験の共有化を図り，自分を語り，危機を乗り越えた体験を語り，そしてグループ体験を通しての仲間づくりへという発展の過程をたどるのである．

1）体験を共有する

グループ体験の中でメンバーが語り，行動化することの中で，他のメンバーが自らを描き出してくれる鏡の役目をすることがある．これは自分の姿は自分には映らず，他者を通して映し出されてくることを意味している．自己が見えてくることをグループの体験として意味づけるのである．

さらに，同じことを体験することを通して何が見え，何を感じ，どう動くかといったことを通して共通点や相異点が問題として映し出される．また，行動上のずれから，逆に感じ方や視点の問題まで，相互のずれが意識化されることがある．

これらのことを通して，同じ事柄を，同じ時と場において共有することが大切なことのように思われる．同じ基盤に立ってどう見え，感じ，動くかといったことが，活動の中でつねに点検されることが重要である．振り返ってどうだったのかという点検をくり返し行っ

ていく中で，体験の共有化がなされていくのである．始めから同一基盤，同一の地平でものを見たり，考えたりできるのではない．また，相手が「精神障害者」だから体験の共有が必要であるということを意味しているのでもない．だれでも同一基盤に立っていると思い込んでいることが多いが，グループ体験をするとさまざまなずれを意識することができる．ここではグループワーカーに求められていることとして，体験の共有が重要な意味を持っているということを指摘しておきたい．援助者としての役割を脱することができないグループワーカーは，体験の共有の意味することの一部しか理解し得ないのである．まさに主体と主体が活動の中で取り組むことを通して，共有していくという相手方と私にとっての財産を築くことになるのである．これをともに確認できた時に，グループは急速な成長を遂げていることが，記録の中からよくうかがえるのである．

2）自分を語ること

　自己を語ることは自己表現の1つの手立てである．病気の苦しさ，辛さを語り，過去の悔しさや取りもどすことのできない時の空白を嘆くこと，語ることによって，過去は過去という時間の中に流し去ることができるようになってくる．

　書くことも自己表現の1つである．それは鋭く自己を見つめることでもあり，記録として記されることでもある．書くことは自己の再整理と点検を意味している．そして，時の経過とともにその記録を読み，また，現在の自分と比較してみる．こうして成長の一里塚を築くことになるのである．

　自己を表現することが自由に，開放的にできるようになってくると，過去の捉われから解き放たれ，生き生きとした空間の中に自らを投じる決意が湧き上がってくる．近い将来に何をなすべきかが語

られ，しだいに希望の持てる空間の広がりができてくる．

こうして左右，前後を見るゆとりが生じ，全体の中で自分は何をしたらよいか，今自分はどうしたいのかが問題として見えてくるようになる．自分が自分らしく表現でき，動けるようになってくると，無理・むだのない自然な動作が生まれてくる．自ずと自己の力量も推し量ることができるようになってくる．これは自立への第一歩として重要な事柄である．

3）危機を乗り越えた体験

危機にはグループの内のことと外のこととがある．いずれにしろ，グループ全体を大きくゆさぶる出来事が起こり，それをめぐってグループが混乱を来たし，動揺してくる．グループワーカーもまたいっしょになって揺れてくる．小船に乗った者に嵐が襲いかかるのと同じである．だれが指揮を執るのか，だれがオールを握るのか，だれが水をかい出すのか，まったく指揮のない中で，各々が自分の力量に合った役をとるのである．気がついたらこんなことができたとお互い驚き合ったり，危機を乗り越えた後には，よくあんなことができたと振り返るようなことがよくある．危機をばねにして，お互いが大きく成長したことを確認し合うのである．

グループ体験を通してお互いが仲間として確認され，自分もその中の1人であるという所属感が生まれ，自分も何らかの役を取り，それなりに人に役立ち得るという存在感が出来上がってくると，自分の存在について，生きることに否定的な人が肯定的な人へと変化を生じさせることになっていく．まさにグループは生きており，そこで仲間としての連帯ができる中で，自分を取りもどしていく作業を続けているのである．

このようなグループ体験を持つことができたワーカーもメンバーも，活動を通して創造的な行為を行っており，それぞれの人生において私が私として，私流の身の処し方や生き方を表わしていくことになる．

4）体験を通して

目標を1つ1つ達成していくことを通して，グループメンバーは自身を取りもどすことになる．体験を通してその時々の意味を自分の生活に引きつけて考え，できること，できないことのどちらでも，自らの力量や限界性も含めて，己を知ることに通じていくのである．己を知ることは自分の力量と今後にやれること，やれないことを区別して，それなりの人生の選択をするということである．

一般的に精神障害者は自己否定的な捉え方をしている．つまり，等身大の自分を感じられず，自らを小さな存在として，だめな存在として，いとも軽い存在としてしか見られないのである．自信を失ったり，自分を失ったり，自ら萎(な)えて落ち込んだ状況としては，当然と言えば当然なのであるが，人生を自分のものとして受け止めていない場合が多い．彼らは発病，入院等さまざまな体験を通して，自分の人生における絶望的状況を味わってしまったのである．もうふたたび自分にもどれないという，自らの人生を放棄したのと近い状況になっているのである．

そこで何かやれたという体験をすることは彼らが自信を強め，ひょっとしたら自分も何とかなるのではないか，という希望を持つことにつながるかもしれない．1度捨てた自分の人生をふたたび自らの手の中に収めることも可能だと思えるようになるのである．これは希望の成就，夢の実現である．夢や希望を現実に自らの手の中ににぎりしめていることになるのである．発病，入院体験等を通して自ら

の自尊心が傷つき，自分に自信が持てず，人生を否定的にしか見えなかった状態が変化したのである．

3．仲間づくりのための基本的な枠組み

すでに述べたとおり，第Ⅰ期（第1部）と第Ⅱ期（第2部）の共通項を抽出した．それはやどかりの里のグループ活動に特有のことのように思える．しかし，グループの展開と発展へと推進していくグループダイナミクスは，すべてのグループ活動に共有のものと考えられる．そこで，仲間づくりを目標としたグループ活動における方法について触れることにする．この方法はグループとしての基本的枠組みを必要とする．そこで，ここではグループの基本的枠組みを大まかにくくり，グループ活動の展開と発展の法則性を示したい．

仲間づくりの方法論の基本的枠組みの第1では，グループの基本的性格について触れる．第2はグループワーカーの立場性と役割について，第3はグループの発達段階とグループワーカーの役割について述べることにする．

1）基本的枠組みその1　グループの基本的性格

グループ展開の2つの実例を見ると，グループはまさに生き物である．

グループとして誕生した時，あるいは，グループが引き継がれて，1度解体をしてゼロから出発する時，やがてグループが成長してメンバーとワーカー，メンバー同士の中で信頼関係を築いていく．さらに，グループの中で角突き合わせてのメンバー間の闘いや，メンバーとワーカーの対立もあり，しだいに支えたり，支えられたりの体験を土台に自立を目指していくようになる．

このようにグループは1つのまとまりのある人格として独特の個性を持ってくる．グループは個々人によって形成されており，グループの雰囲気や活動を通じて個々人が影響を受けて，絶えずグループは成長し，個々人の成長を促していくのである．この間にグループは1つの決まりごとの規制を受けつつ，自らが体験を通して学習していくのである．

2）基本的枠組みその2　グループワーカーの立場性と役割

次に，グループワーカーの立場性が重要な意味を持ってくる．基本的にはグループワーカーもグループメンバーの一員である．われわれの経験からグループワーカーは仲間に近い存在でなければならないと考えている．もとより始めから仲間として認められているわけではない．むしろ，「仲間づくり」を推進する役割を担わされており，立場性は異なっている．グループワーカーの立場性を代表するものとして，メンバーに対して平等・対等といった位置づけがなされるが，平等とは物事を決める時の1票の意味で平等なのであって，1票の持つ意味は重いのである．したがって，グループの発達段階を見極めつつ行動を起すことが重要になってくる．初期の段階ではまとめ役としての役割期待が課せられ，グループワーカーはそれを果さなければならない．しかし，ワーカーがメンバーと角突き合わせてやり抜く時には対等に張り合い，やり合うべきであって，それは与えられるものではなく，ともに活動をくり広げていく中で獲得していくものである．

このような対立や闘いを通じてそれぞれが相手を尊重し，また，自分自身もそれなりの力量で事を推し進めていくことができるようになっていくのである．

3）基本的枠組みその3　グループの発達段階とその段階ごとのグループワーカーの働き

　グループの発達段階を鋭く読み取り，それにつれてグループワーカーの働きもまた異なってくることに注目したい．ここではグループの発達段階におけるグループワーカーの動きを追い，その働きについて述べることにする．

（1）開始期における特徴

　やどかりの里に見られるようなグループの開始期は一般的なものではない．まず，グループ展開Ⅰ（第1部）の開始期においては，病院デイケア廃止によりそのグループが移行して，新しいグループを作り，グループワーカーも行動をともにしている．グループ展開Ⅱ（第2部）ではグループが継承されつつ，新しいメンバーと新しいグループワーカーへと交代を行っている．

　両者に言えることは，「開始期」あるいは「転換期」にグループの目的やまとまりをすでに持っていることである．このことは「開始期」における諸問題や諸方法を提示していることにはならない．しかしながら，グループ展開Ⅰではグループとしてのまとまりと目的達成への活動が，「開始期」の1つの基礎固めとして大切なことの1つに挙げられる．グループ展開Ⅱでは新人のグループワーカーがメンバーとともに混乱し，その中から問題を共有化し，ワーカーとメンバーの一体感を進めていっている．これも「開始期」の特徴をよく表わしていると言えよう．「開始期」の要素の1つを表わしてはいるが，一般的には「開始期」こそグループワーカーの力が発揮されなければならない大切な導入の部分なのである．そこで，この期のワーカーの働きについて列挙してみると，次のようになる．

①　メンバー個々人との関係を大切にすること
②　グループメンバーが表現できるように力を貸すこと
③　メンバーを勇気づけること
④　個々のメンバーやグループの中での問題を全体の問題にしていくこと
⑤　プログラムをメンバーといっしょに作っていくこと
⑥　グループの流れをよく見て，時に変化を与えていくこと

「開始期」におけるグループワーカーの働きは，主にメンバー個々との関係性の樹立と，メンバー間の意志の疎通をつけるために重要な役割を持っている．この期のワーカーの基本的姿勢は暖かさとがまんを基調にしたもので，メンバーが表現することを助けつつ，グループのまとめ役を果たさなければならない．

(2) 発展期における特徴

グループ展開Ⅰ, Ⅱ（第1部，第2部）に見られる「発展期」の特徴は，メンバーとの間に信頼関係が出来上がり，メンバーの自主性を尊重できたことである．「メンバーとの間で確認の作業を行うことになった．個別のメンバーを理解するための時期であった．そして，メンバーとの間に信頼関係が生まれつつあり，メンバーの主体性を信頼し……」とあるように，相互確認の作業を通してワーカー自らの力量（限界性や至らなさ）も見え出してきた．と同時に，メンバーに任せられる，託することのできるワーカーになってきつつあったのである．

この期におけるワーカーの主な働きはグループが1つの目的に向かって動き出す時であるから，メンバー同士のコミュニケーションを援助する役割を果たすことであった．すなわち，①「電話交換手」のように，必要とする相手や他のグループとの交流をスムーズ

にできるように仲介の労を取ったり，さらには，② 混乱を来たした時には「交通整理のおまわりさん」のように，混乱した事態を整理してあげることもある．また，時には③ 「調理人さん」のように魚を切り開いて内臓を取り出すように，問題をはっきりと突きつける役割を取ることもある．

「発展期」におけるグループワーカーの働きは，主に1つの目的に向かってグループが動き出した時の調整役である．同時に，時間と場所を同一にしている人として，メンバー個々の問題に生ずるずれを意識的にもどして，相互確認の作業をしていくことである．この期のワーカーの基本的姿勢は鋭さと，敏速性を基調にしたもので，メンバー間の意見調整役を果たさなければならない．

(3) 成熟期における特徴

この時期はメンバーが活動を生み出し，その活動を通じてたくましくなっていく時期である．ワーカーはメンバーの活躍を見守り，活動の意味づけや評価をメンバーに伝えていく時期でもある．グループ活動が盛り上がってくると，力のあるメンバーはそれなりに力量を発揮して大きく飛躍することになるが，そのグループの活動についていけないメンバーも出てくる．このころになると，ワーカーはグループ活動をメンバーに託し，メンバー個々人の問題を後側から支えていくことになる．これらを通して「ワーカーがメンバーを信頼するのと同時に，ワーカーもメンバーから信頼される存在」へと変化している．さらに，「メンバーの主体性が確立し自己主張すると，ワーカーも同じ1人の人間として自己主張するという関わり」が出来上がり，「援助者，非援助者という関係を超えて，1個の人間として主体のぶつかり合いができる存在」になってくる．

「成熟期」におけるグループワーカーの働きは主体と主体のぶつかり合いにある．この期のワーカーの基本的姿勢は素直さを基調に

したもので，メンバーの前に自らすべてをさらけ出しつつ，より関係が強く深まっていくことが望まれる．

(4) 終結期における特徴

グループ展開Ⅰ，Ⅱ（第1部，第2部）において共通しているのは，「終結期」には活動の振り返りと出立への決意をそれぞれが語っていることである．そして，それを記録する．それは再度自己の成長の振り返りをする作業ともなっていった．こうして，グループの成長と個々人の成長を確認し合った後に，各々飛び立っていった．

「終結期」におけるグループワーカーの働きは，振り返りの作業を通じて自らの，メンバーの，グループの変化と成長を点検することにある．この期のワーカーの基本的姿勢はともに振り返ることを基調にしたもので，そこからグループメンバーの1人1人にとっての活動の意味と，自らの成長を確認することが求められる．

4．グループ展開とグループワーカーの役割

従来，グループワーカーの役割はグループの運営法，グループワークの技術に重点が置かれていた．G．コノプカのグループワークの定義からもわかるように，グループワーカーは対象者を援助し，目的意識的に対象者にグループ経験を用意したり，対象者のグループ経験に援助的に介入していくことになっている．

また，主要モデルでのワーカーの役割として次のように述べている．

① 社会的諸目標（G．コイル，H．フィリップス）では，ワーカーはメンバーが対処しようとする課題を側面的に援助して，「可能ならしめる」役割を果たす．

② 治療的モデル（R．ヴィンター，D．グラッサー，R．サリー）では，ワーカーはメンバーに望ましい変化を起こさせることが大きな役割である．

① 相互作用モデル（W．シュワルツ）では，ワーカーはメンバー同士相互作用，相互援助を重視して，自らは社会資源とメンバーとの媒介者，資料提供者である．

しかし，やどかりの里のグループ活動におけるグループワーカーの役割は，一面では上記のような役割を帯びながらも，援助者的役割の範疇（はんちゅう）で説明できないことも出てきている．

今回，分析を試みた第Ⅱ期（第2部）のグループの過程についてグループワーカーの動きを見てみよう．

1）過渡期・転換期

この時期において，新人グループワーカーは多くの人に助けられている．まず，先任のグループワーカーからの援助がある．始めは伴走者として，後半はグループ記録を基に相談者として援助を受けている．そして，また，新人グループワーカーより長くグループ経験をしているグループメンバーに助けられている．さらに，側面的な援助として，すでにグループを離れ，ソーシャルクラブへ移行したメンバーからの援助も受けている．これはグループだけのつき合いだけでなく，やどかりの里の先輩，後輩という関係が生きているのである．このように初期のグループワーカーは援助者としての役割とは逆に，周囲の人から助けられる存在としてあるのである．

2）開始期

　この段階においても，グループワーカーの経験は浅く，知識は乏しい．直接的な周囲の援助は転換期ほど期待できず，グループワーカーとしての1人歩きが期待されている．

　ここでグループワーカーは援助者としての役割を取るよりも，同じグループのメンバーの一員として行動することになる．経験のあるワーカーのようにメンバーとの距離を持って接することはできないし，グループで起きた問題は自分の問題となってしまっており，その解決へ向けて悩み，苦しむのである．問題との距離がないため，問題を客観視することができず，メンバーとともに混乱するのである．しかし，そこでの混乱や苦しみ，辛さをメンバーとより近いところで共有化することができ，結果的にはその共有化がメンバーとワーカーとの一体感を強めていった．この開始期において，グループワーカーはより仲間に近い存在であった．

3）発展期

　グループワーカーとメンバーは時間の経過とともにより深く知り合うようになる．そして，メンバーと体験を共有することにより，自己（自分の至らなさ）を知るようになったワーカーは，メンバーとの間で確認の作業を行うことになったのである．個別のメンバーを理解するための時期であった．そして，メンバーとの間に信頼関係が生まれつつあり，メンバーの自主性を信頼し，やどかりの里という機関の存続という1つの目的に向かってともに活動する同志としての存在でもあったのである．

4）成熟期

　ワーカーがメンバーを信頼するのと同時に，ワーカーもメンバーから信頼される存在となりつつあった．グループ活動の中で個別の問題はつねにつきまとう．グループの問題はグループの中で解決していくことが原則であるが，メンバー自身で解決できない場合には援助者としてのフォローが期待された．
　また，メンバーの主体性が確立し，メンバーも自己主張するようになると，ワーカーも同じ1人の人間として自己主張するという関わりも出てきた．援助者，非援助者という関係を超えて，1人の人間として主体性のぶつかり合いのできる存在になっていたのである．

5）終結期

　文集作成を通してそれぞれがこれまで歩んできた道のりを振り返り，再整理し，自立への道を歩み出す．ワーカーは事務的な仕事を手伝い，裏方に徹し，表舞台には登場してこない．グループはグループメンバーの中心的な人たちによって運営される．ワーカーはこれまでともに歩んできた者として，メンバーとともに振り返りの作業を行う．これはメンバーにとって，ワーカーにとって，グループにとって重要なものなのである．

　グループはつねに生きて動いている．だから，グループワーカーとしての役割もつねに一定ではない．グループの成長イコールグループワーカーの成長と言ってもいいのではないかと思う．今まで述べてきたように，グループワーカーとして，実に未熟さがグループの混乱を招いていたのかもしれない．しかし，そこから出発しなけれ

ばすべては始まらなかったであろう．

　こうしたグループ記録には表われないところにもう1つのグループワーカーの所属するグループがあり，グループワーカーはそこでもグループ経験を積んでいるのである．それはやどかりの里の職員集団である．新人ワーカーがやどかりの里で活動を始める時には，すでにやどかりの里が活動を始めて7年を経過しており，そこで活動に従事していたスタッフは先輩でもあるし，先生（お手本，モデル）でもあった．先輩スタッフをモデルとして模倣した時期があった．先輩の財産を引き継ぐことに必死になり，形を継承し，内容が伴わず，そのギャップにも苦しんだ．そうした時期の先輩からのアドバイスは，ワーカーの自己防衛の殻を厚くするだけであった．しかし，その自己防衛にも限度があり，自分の力ではどうしても身動きができなくなった時に始めて，自分からスタッフ集団に助けを求めたのである．自ら求めていったアドバイスは実に有効にグループワーカーに働き，そのアドバイスを行動化することができたのである．グループワーカー自身が自己防衛の殻を破り自らを開いていった時，先輩からのアドバイスは生きたものとなり，それはグループにも大きく反映するのである．そこで始めて先輩から引き継がれた財産を生かすことができたのである．そして，周りのアドバイスを選択し，自分のものとしてグループに反映できたのである．

　第Ⅰ期（第1部）のグループは1つのモデルであるが，その時々のメンバーとワーカーの個性のぶつかり合いで作り上げていったグループであり，第Ⅱ期（第2部）も第Ⅰ期と同じような展開を見せたとしても，それは決して同じではない．その時のそこに集った人々の相互作用によって生まれたものなのである．それだからこそ，グループが生きて成長していったのである．

第4部
グループワークの原則

谷中　輝雄

1. グループ活動事始め

　私が精神科の仕事をするようになったのは，分裂病者のグループ活動に関心を持っていたからではなかった．当初は精神分裂病の家族研究をするという動機があったからである．1963（昭和38）年に約4年間勤めた鉄道弘済会社会福祉部を退職し，ふたたび大学にもどった．大学院では家庭福祉研究所において，情緒障害児の家族治療を中心に研究を行っていた．

　それが当時私の母校を席巻していた学園紛争などで研究そのものができる状況でなくなっていたため，たまたま埼玉県大宮市の一民間精神病院に立ち寄ったのが，そもそも今日のきっかけになったのである．したがって，始めは特に精神障害者のために何かをしようと意気込んでいたわけではなかった．また，当時の精神医療状況を変革しようと思って，病院に乗り込んだわけでもない．今思えば，「家族の研究ができるのは精神病院の中だ」と思い，小島洋先生（現大宮厚生病院院長）と出会って，この人とならいっしょに仕事ができ，家族の研究もできると思ったことと，社会復帰への路線づくりの助っ人として依頼されたことで，精神病棟に入り込んだのである．

　しかし，病棟で私を待っていた多くの患者さんたちは，だれもが「もう1度娑婆の空気を吸わせてくれ」という切なる願いを持っていた．「もう2度と退院ができない」とか，「病気がよくなっているのにだれも引き取ってくれない」などという訴えが相次いだのである．そうして，トイレなど至る所に「大宮強制収容所」と落書がしてあった．

　閉鎖的な精神病棟の中に入った時に，私はソーシャルワーカーとして，患者さんからの要請に沿ってまず何をやったらよいのか，を

考えざるを得なかったのである．

　ある患者さんが「ナイトホスピタル（院外作業療法）を実施している病院に転院させてくれ」という要求を私に突きつけてきた．もちろん，ナイトホスピタルをやっている病院に転院させることは，きわめて簡単なことではあるが，やはり閉鎖的な病院の中に開放的な，あるいは社会復帰への懸け橋となるような活動を「この病院で」しなければなるまいと感じて，3か月の準備の後，7人の人を「院外作業療法」と称して，町の工場に連れ出したのである．1969（昭和44）年10月のことであった．

　実はこのことが，私が精神病院の中でグループ活動を手がけるきっかけの1つになったのである．仕事から帰って来た彼らに個別に会うことのほかに，週に1度，いっしょにミーティングをすることになっていたのである．そして，10人を1つのグループとしてミーティングを開始した．こうして私の精神分裂病の患者さんたちを相手とするグループ活動が始まったのである．

2．精神病院におけるグループ活動

1）院外作業参加者のグループ開始

(1) 期せずして始まったグループミーティング

　精神分裂病の患者さんたちにとって，ミーティングはもとより，グループ活動をすること自体がきわめて困難なことであった．しかし，1969（昭和44）年10月，期せずして，院外作業に行っている分裂病の患者仲間によって「話し合い」が始まったのである．私はグループセラピーだとかグループワークを実施するなどという，気負った気持ちはまったくなかった．ただ，寄って来た仲間と「この1週間どうだったか」ということを話し合っただけである．それにして

も，7年も8年も閉鎖的な病棟の中に居続けた彼らが，職場で働くということは実にたいへんなことだったようである．

当時働きに行っていた職場はアンテナの組込工場で，仕事は各自が流れ作業で部品を入れて梱包する仕事であった．

ある人は仕事から帰って来て，

「自分はひょっとすると部品を1つ入れ忘れてしまったのではないか」

と心配し始める．そうして，

「もしそのことがばれて返品になったら，会社に損失を与えてしまう．どうしたものだろうか」

ということが，話題としてミーティングに飛び込んでくるのである．

そうすると仲間が心配して，

「返品をくらったかどうか，先生，電話をかけてみませんか」

と私に訴えてくる．

「そうだね，電話をすることは簡単だけど，どうしてそういうふうに思うの」

と私が切り返すと，

「いやあ，僕もそういうことがあって1晩眠れないで過ごしたんですよ」

というような話が出てくる．

ある人は，

「もしそれがほんとうでも，見つからないことだってあるじゃない」

などと，たいへん無責任な発言をしてみたり，あるいは，

「見つかったら見つかっただ．明日になればわかることだから，今日はゆっくり寝たらどうか」

などという意見が出てくる．

患者さんは「自分は新米である，自分のためにミスが出て会社が

潰れてしまうのではないか」と飛躍して考えてしまったのである．その上，せっかく実施されたナイトホスピタルが中止になって，私（＝筆者）に迷惑をかけてしまったら「自分はとても生きていられない」などというふうに，どんどん話がひとりでに進んでいってしまうのである．

　そういう真剣な言葉を聞いていると，つい私も電話口に走り出したくなる衝動に駆られたが，そこはじっとがまんの連続であった．そして，翌日仕事から帰って来た患者さんは，
「何とも言われなかった」
と……．
　仲間から，
「あの時，言わなくてよかったね」
あるいは，
「お前，ほんとうはミスしていたかもしれないけど，ばれなくてよかったね」
などと言われていた．
　本人は，
「今度は気をつけるよ」
　こういうことが仲間同士で言い合えるのがグループのいいところである．ここに仲間同士の助け合いがある．彼らは貴重な体験をしたわけである．

　今考えると，私はたいへんに恵まれていたと思う．「ミーティングをやりましょう」とか「グループセラピーをやりましょう」ということで「お集まりください」などと言っていたのでは，とてもあのような動きはできなかったに違いない．つまり，きわめて閉鎖的な病棟の人々を，グループで工場に働きに行かしたという時点で，すでにグループとしてのまとまりができつつあったと考えてよいの

である．

　「娑婆に出たい」と彼らが言った時に，私は始めて彼らを社会へ連れ出すのに，院外作業を受け入れてくれる工場見学を企画した．その時に，7年ないし8年間，1歩も外出が許されなかった方が私に言った言葉が，今でも忘れられない．

　「先生，外の太陽は輝きが違うね．真紅色に見えたよ，まぶしくて」

　何気なく言った言葉であったが，私の心にひじょうな勢いで突き刺さってきたのであった．そして，長い間病棟だけの生活を過ごしてきた彼らにとっては，通勤をすることも，仕事をすることも，まさに危機的な状況であったわけである．したがって，帰って来てからの私への報告や，仲間内でその体験を語り合う時の真剣さ，あるいはその中で受け止められた感じは，まさに彼らのグループ経験そのものだったのである．

（2）グループミーティングにおける苦い思い出

　私はこの体験に意を強くして，第2班，第3班と機械的に10人ずつを1つのグループにして，根気よく週1回，1時間，彼らとともに過ごした．ところが，すべてうまくはいかないものである．特に第2班のグループはたいへんであった．

　ナイトホスピタルをあれだけやれるならば，病院での作業療法やレクリエーション療法にも参加していない，日ころ動きのない患者さんでも，「ナイトに行けば金が稼げる，俺を出してくれ」というような人たちをも，ナイトホスピタルに出してみてはどうかということで，医師が指示を出してくるようになったのである．これはナイトホスピタルの効果が認められたということではたいへんうれしいことであったが，この人たちはいわゆる分裂病の慢性傾向を持つ人々であったので，たいへんしんどい思いをすることになってしまっ

た．
　やはり第2班も週1回集まってくる．そこで，私が，
「どうぞ，これからの時間は皆さんの時間だから，どなたからでもお話しください」
と言うと，後はずっと沈黙が続くのである．しばらくして，ある人が，
「先生，今度の弁当は何だろうね」
と言う．私は「今は弁当の話をする時間じゃないぞ」と思って，その発言を沈黙を守ることによって無視してしまう．その後しばらくは座が白ける．また，しばらくして，
「今度ハイキングはどこに行くの」
とだれかが言う．そうすると，「あそこに行きたい」「ここに行きたい」「いくらお金がかかるの」というように話が展開していく．私はそれをとりとめのない座談会のように聞いていた．だからちっとも私の気持ちが乗っていかなかった．第1班のグループは外で受けたいろいろなことを，自分の問題や仲間の問題にして展開していった．私が「ああしよう」「こうしよう」と指示しなくても，彼ら自身が自然に動いてくれたのである．しかし，第2班のグループはそうはいかなかった．
　「ここががまんのしどころだ，この騒がしい雑談をじーっと耐えて聞いていっているうちには，きっと建設的な話にいくだろう」と思って私はじっとがまんを決め込んでいた．そして，このような状態が4，5回続いた後のミーティングの時にも，やはり始めから沈黙が続いていた．沈黙というのは苦しいものである．だれもしゃべってくれず，それで終わってしまうのである．私は「こういうこともあるのだ，この次はまた違うだろう」などと気を取りもどすように自分に言い聞かせるのをつねとしていた．しかし，次のミーティングもまた沈黙だったのである．

このグループのミーティングは連絡事項や，みんなで取り決めをすることで終始した．
　私はこのグループがあと4回で1年目を迎え，終決するという辺りまでずっとこのような姿勢を取り続けていた．
　その時，ある人が，いきなり冒頭で，
「後4回しかこのミーティングないのね」
と言ったのである．そうしたら，その言葉に釣られるように，
「私たちって，もったいない時間をつぶしちゃった」
と言う人が出てきた．
「何で黙っていたのよ」
「だって，私はだれかがしゃべってくれるかと思っていたからよ」
「先生が何も言わないからひどい先生だ」
「私たちをただ集めておいて何も言わないなんて，おかしいじゃないか」
というような発言がどんどん飛び出してきたのである．
「いや，ちょっと待ってくれよ．僕だって苦しいし，あんた方の時間だから僕は黙っていたんだけど，何でみんなはものを言わなかったんだ」
と，とうとう私もその場面では言ったのである．
　その時，皆はその場で，「今度病院に入らないためにはどうしたらいいか」とか「自分がこの病院でどんなことを感じたか」というようなことをもっと話したかった，というような意見がわっとほとばしり，吹き出てきたのである．
　しかし，私は「約束通り1年がきたらこれはこれで終わり」とそのグループの終了を告げたのである．そして，私は「私のがまん」ということがこのグループの終焉に近づいて，「あれはやっぱりよかったのかなあ」などと当時は思ったりしていた．
　今にして思えば，ロージャースのノン-ダイレクティブ（非指示

的）な方法を後生大事に守って，皆が発言する前にこちらが発言してはいけないと思い込んで，こちら側の考え方やグループ運営の方法そのものを大事にしていたということが，たいへんおかしく映ってくるのである．もっと率直に，
　「なんでみんな黙っているの．僕はこんな沈黙に耐えられないのだけれど……」
と私の本音を皆の前に曝け出してもよかったのである．私が受けたトレーニングの方法などに，自分のすべてを当てはめていこうとしたことが，病院勤めをした最初のグループ活動にきわめて端的に表れていることがわかる．

　失敗の経験はまだ数多くあるが，現在でも私に苦々しく思い出されるのは，1時間をずっと沈黙に終始したあのグループの経験である．あの場面はどこに，だれが座っていたか，今でも鮮明に私の脳裏に焼きついており，私は自分を責め続けているのである．

2）デイケアにおけるグループ活動

　精神病院に勤務した翌年〔1970（昭和45）年〕に私はデイケアの活動を始めた．精神科に勤務した経験を持つ人ならだれでも経験することであるが，患者さんのうち，退院してもまた病院にもどって来てしまう人がいる．「もうこんな所に2度と来るなよ」と言ってさよならをするのであるが，「また来たか」ということになる．言わば病院と社会の間を行ったり来たりしている人がいるのである．ある患者さんは具合が悪くなった時にガス栓をひねって親子ともども死の危険を感じるような，ひじょうにあぶない目に遭った．そのため母親は本人の生命を守るために入院させておきたいという．このような人たちは症状が急激に崩れやすかったり，対人関係に敏感であるがゆえに，ちょっとしたことで躓きやすいのである．そして，

このような人たちの社会復帰をどうしたらよいのか頭を悩ました結果，患者さんの要請もあって，私たちは病院の中にデイケアのグループを作ることにしたのである．

当時のデイケアは，患者さんが退院した後，家から通院しながらグループ活動をするというものであった．そうすれば，患者さんは薬をきちんと取りに来るし，私たちはその後のその人の生活のことも聞くことができるということで，グループ活動というよりも，患者さんの健康を保持するために病院に来させて，医者とソーシャルワーカー，サイコロジストがいっしょになって，患者さんの健康の管理をしてあげなくてはいけない，そうすれば患者さんは社会生活を維持できるのではないか，と考えたのである．

このような経過をたどって，デイケアのグループ活動が始まった．これはひじょうに貴重な経験であった．私たちは大胆不敵にも，グループ活動を行うに当たって「再発防止」のためという目標を立てた．しかし，これで再発を防止することなどできるはずもなく，後にグループの中で具合が悪くなる人たちが続出したのである．

最初のグループには，デイケアを心待ちにしていた何人かの人たちが参加してきた．この人たちは入院中の仲間集団であったから，すぐにも合宿，ハイキング，クリスマス会，新聞活動の提案など，どんどん活動が盛り上がっていった．われわれはさほど意図しなかったにもかかわらず，仲間集団が仲間内でどんどんプログラムを立てていくような，きわめて仲間としての結束力が強いグループであった．その経過の中で私たちは，グループはすばらしい力があるということを学ばされていったのである．最初のデイケアのグループは動機づけのある人たちが集まって，グループを自分たちのものとして動き始め，生き生きとしたグループ活動を展開していったのである．

1年が経過すると，動機づけのある人たちはほとんどグループを

終了した．そして，2年目になると，入院させておくよりも退院させて，グループに通わせたほうが少しは変化があるかもしれない，というような動きのない，意欲の低下した人たちがどんどん送り込まれてくるようなグループになってきた．本人の動機づけよりも，医師が早く退院させる条件としてデイケアに通うことを約束させたり，家族がデイケアに行くことを条件に退院を受け入れたりする，というような人たちで，本人の意欲は低かった．したがって，グループ担当者は運営にたいへん苦労したようである．

例えば，寒い時など，朝ストーブの傍らに坐ると，何も指示がないとそのまま終日ストーブにあたったまま，弁当を食べて帰ってしまうという人がいたり，また，皆が活動している側で，その活動にまったく関心を示さない人がいたりする．そういうことが続くと，どうしたらその人たちを仲間に引き込むことができるかというのが，そのグループの担当者の苦痛の種になってくるのである．

当時私は，デイケアは副担当であった．このグループはサイコロジストが中心になって活動をしていたのである．グループ担当者は動機づけもなければ，動きのない人たちを仲間の中に入れていくためにはどうしたらいいか，その人の関心，その人の興味を聞き出しながら，いっしょにできるものは何かを探りながら活動を始めていかざるを得なかったのである．その人がグループ担当者に打ち解けてきて，だんだん仲間の中に入れるようになるまでには，二人三脚的な援助をしなくてはならない時期があったのである．

しかし，それでも，そうしたことを経た後に，彼らに対して病棟では考えられないような新しい発見をすることになったのである．

デイケアでは病院の行事にも積極的に参加した．参加者の中には次のような感想を述べた人もいた．

「今年は退院していたので，角度を変えて見ることができた．入院者は出場者（演芸会）の顔触れが決まっていたのが気になった．

もう少し多くの人が出られるように工夫したほうがいい」

「入院していると無気力になってしまう．病棟内で作業をやっている時も同様だ」

退院した患者として入院生活の実態を改めて見直し，厳しい意見を述べることもあった．

このように入院のあり様を客観的に問い直す作業もグループの中で行われ，われわれはそれを通して学んでいったのである．

3）治療共同体の試み

(1) 50人の女子病棟を運営

同じ1970（昭和45）年8月に，古い木造の閉鎖的な女子病棟を社会復帰病棟にすることになった．看護婦が手不足だったということと，鉄格子をはずして開放的にしなければ防災上きわめて危険だということで，かねがね私が主張していた社会復帰病棟を作ることを病院長が認めてくれたのである．病院長はソーシャルワーカーやサイコロジストに，看護婦が不足している病棟の看護面を補わせようという考えがあり，その病棟でグループ活動のようなことをやらせようとは考えていなかったのである．

私は少しでも患者さんのためになればいいと思って，そこを引き受けるための条件を申し出たのである．それは「社会復帰病棟という形にしていきなり病棟を開放にはできなくても，準開放的にして，患者さんのミーティングの中で病院側が努めて制限を緩和し，開放的な病棟にしていきたいのだが，そのことを認めて任せること」ということであった．また，「看護婦の代わりをやるけれども，こちらの条件も通すこと」「かかる経費も負担すること」ということも条件として交渉し，確認することができた．

そこで私は，2人のサイコロジストの協力のもとに，50人からな

る女子の社会復帰病棟で，いわゆるセラピュティック-コミュニティ（治療共同体）を実施することにした．50人の病棟に主任看護婦が1人，看護助手としてまったく素人の方を1人採用した．ソーシャルワーカーである私と，サイコロジスト2人が入って，50人の女子病棟の運営を開始した．

セラピュティック-コミュニティとは，英国のマックスウェル=ジョーンズが主張していた「病棟を1つのスモール-コミュニティとして，その中ではスタッフ（職員）もそのコミュニティの一員であり，したがっていっしょにミーティングを通して物事を決めていく．そのコミュニティの中では平等性，対等性を基本にして，そこでくり広げられる人と人との関係を通じて，極めて日常の社会に近いものを精神病棟の中で実現していく．そういう学習を通して社会につなげていく」という概念である．

私たちは彼の文献を読みながら，何とかして日本の病棟の中にその種のものができないものか，種々検討したものである．

さて，最初は，この病棟を社会復帰病棟にするためには，状態の良い患者を選択することが必要であると考えた．しかし，種々の事情から若干の患者だけ治療病棟に転棟させて出発したのである．10年，20年という長期入院の人たち中心の病棟を，そのまま社会復帰病棟にしたわけである．このことが後に「吹き溜まり病棟」とか「後家さん病棟」（退院してもすぐにもどってきてしまう）というふうに渾名されることになる．したがって，社会復帰病棟という名前はかなり格好良すぎるのである．

最初に全体ミーティングを開いた．私は冒頭に，
「皆さん，この病院に入っていてどんなことに困るのか，どんな病棟にしたいのか，そこから話し合いを始めようではありませんか」と提案した．この時にはいろいろな意見が出た．

「ポットの中にお湯を入れて，いつでもお茶が飲めるようにしてほしい」
「病棟の照明を蛍光灯にしてほしい」
「シーツや寝具交換を，もっと清潔に，こまめにしてほしい」
「トイレが汚いから水洗にしてほしい」
等々，実につつましい要求が出されたのである．
　私が病院長に100万円も200万円もかかるだろうと言ったのは，「ステレオがほしい」「談話室がほしい」「図書館がほしい」「タイプなど訓練のための道具がほしい」というような要求が出てくるのではないかと思っていたからである．ところが実際にはだれもそういうことは言わないのである．このことからも，当時の精神病棟の状況は，患者さんを実に貧しい気持ちにさせていたということがわかるのである．
　ところで，どんなに貧しくても，それが患者さんたちの要求である以上，いっしょにポットを買いに行った．時には私のほうが焦れてきて，
「お茶を飲む時にはお茶室もほしいんじゃない」
と誘導的に切り出すと，
「ほしいっ」
と皆が言うわけである．そうすると病室をつぶして茶室を作ったりするわけである．
「ステレオもあったほうがいいのではないか」
と言うと，
「ほしいっ」
と言う．それではソファもなければいけないというようなことで，少しずつ病棟を変えていったのである．
　そういうふうにしているうちに，私はある手応えを感じてきていた．「普通の人並みの生活がしたい」という発言がミーティングの

中であったのである.「何だ,それは……」と聞くと,「散歩をさせてくれ」「買物ができるようにしてほしい」「食事の時にテーブルを囲んで,お櫃(ひつ)を置いて,自分たちでよそって食べる,普通の家庭の雰囲気がほしい」等々……

その時「しめたっ」と感じたのである.

「よし,やろう」ということで,どんどん散歩や買物が実現していった.

しかし,いろいろ苦労もあったのである.

例えば,当番(患者)が配膳の準備をして,「食事ですよ」とマイクを入れると,皆がやって来て,皆がそろったところで当番が「いただきます」と言うと,皆も「いただきます」と言って食べ始める.そこまではいいのであるが,物凄く早く食べる人がいて,ぱっぱっと食べてしまうと立ち上がって行ってしまう.当番が「ちょっと待って,ご馳走さまするまで座っていてよ」と言っても座っていることができないのである.それだけではなく,配膳室の小母さんが,「先生,困る」と言ってきたのである.「どうして」と聞くと,「いっせいに配膳室に食器を置かれるから,洗うのがたいへんだ」というのである.

精神病棟を知っている人はわかると思うが,食事の時には列ができ,順番に食事を摂って,食べ終わった人から配膳室に食器をもどすのである.そうすれば,うまい具合に順序よく食器がもどってきて,ベルトコンベアのように作業が流れていき,そんなに食器が積み上げられないうちに洗っていけるのである.配膳係の患者は一足先に食べていて,食べおわったら皆が来るのを待機するというシステムになっているのである.それが,皆で「ご馳走さま」をしてから配膳室に行くようになると,そのシステムが崩れてしまった.そこで配膳室の小母さんたちが文句を言ってきたのである.その上配膳当番が「こりゃあたいへんだ」と感じて,「やはり以前のように

並んで流れのいいようにもどしてくれ」と全体のミーティングで発言して,皆がそれを認めてしまった.私はよほど拒否権を発動しようかと思ったが,皆が望んでいるのならと黙って見ていると,元の仕組みにもどってしまった,という悲しい出来事がいろいろあったのである.

(2) 言わなくても発言している

　一方では,私をたいへん驚かせたこともあった.それまで一言も物を言わなかった患者さんがいた.この人は物を言わなかっただけではなく,看護者が話しかけると怒り出したり,突然看護者のほうは理由もわからないままに殴られるというような人でもあった.私はミーティングを開始して間もなくのころ,彼女に話しかけたことがある,「面白い……」と.彼女は「うん」とうなづく.「どこが面白いの」.

　それには彼女は答えることができなかった.そこで,しつこく,「ミーティングのどこが面白いのさ」と私が聞いたところ,「自分の思ってることが言えるんだもん」「だって,あんた,何もしゃべんないじゃない」「しゃべったもん」ざっとこんな会話を交わしたのである.

　その時,私は「何もしゃべらないのに何言ってんだよ」という感じを抱いて別れたのであるが,後で「ああ,そうか.彼女はみごとに参加していたのだ」と思い当たったのである.彼女は現実にはしゃべっていないけれど,彼女の長い間に鬱積していた精神病院に対する不満や,義憤,憤りとか,悲しみとかを,仲間が語っている時に,あたかも自分が語っているかのように,あるいは自分のことを他の人が代弁してくれたかのように,彼女はみごとにそのグループの中に参加していたのである.まったくすまないことをしたと私は後悔した.

やがて，「あなたもやっぱり散歩に出たかったの」「うん」と今まで口をきかなかった彼女が私に答えてくれるようになった．そこで私もいっしょに散歩に行くことになった．当時は私が行かないと病院は患者を外出させなかった．その散歩はまるでお通夜のようであった．始めのうちは皆だまって，横を見るでもなく，うつむき加減に歩いていた．ただ黙々と歩いて行く患者の後を，私もぽつぽつとついて行った．まるで50人の団体を監視するような光景であったであろう．

その時，いっしょに歩いていた彼女が私の傍で王将を歌い出した．私もいっしょに歌った．私は１番の歌詞しか知らないので，２番，３番は彼女が１人で歌い続けていった．そこで，私は茶話会（作業の収益の中から茶菓子を買って，月１，２回病棟全体でお茶を飲み，歌ったりしていた）で，彼女に「王将が聞きたいなあ」と言うと，彼女も乗ってくれて歌ってくれるようになった．そうすると，「あの人，あんな歌，歌えるの」とみんな驚く．そうして，ミーティングで，次の演芸会にはあの人を出そう，というように決まっていった．

これはグループに参加するという意味を私に教えてくれた貴重な体験であった．ミーティングで一言も話さなくても，心はいっしょにグループの中に溶け込んでいるなどということは，それまで考えてもみなかったのである．

3．やどかりの里におけるグループ活動の概要

私が病院に勤務した年にナイトホスピタルを実施したが，その翌年（昭和45）には現在の「やどかりの里」が誕生している．ナイトホスピタルを終了した後にも引き受け手のない人々を，就労先の会社の寮を借り受けていっしょに生活を始めたのが「やどかりの里」

であった．すなわち，共同住居であった．

1）病院内デイケア廃止から始まる

　やどかりの里のグループ活動は，先述した病院のデイケアというグループが廃止〔1972（昭和47）年4月〕になったところから始まった．

　デイケアが2年間続けられた後，病院の医師から，
「このようなデイケアを続けることは民間病院では贅沢なことで，とてもレベルが高くて，一所懸命やったけれども，続けることは無理になった」
という説明がなされた．それに対して，次のような意見が出された．

　A子　私たちの立場としては，これから悪くなった時にがんばる場所がなくなってしまう．デイケアがあれば，まずここを利用して何とか立直れるように努力して，それがだめだったら入院するということができたでしょう．廃止になったらすぐ入院ということになってしまう．
　C子　ちょっとぐらいの診察では，医者でも見逃すことがあると思うの．でも，1日ここで過ごしていると，デイケアの担当の先生なんか気づいてくれて，自分で意識していない揺れなんか早めにアドバイスしてくれたり……
　A子　先生じゃなくても，友達が言ってくれたりして……

　彼女たちはこのように2年間の活動を評価していたのである．そして，さらにA子さんは，
「皆でお金を出してこの部屋を借りられないのですか」と，自分たちの手で運営していく手立てを模索している．

そして，「卒業生にデイケアの仕事を少し助けてもらって，その分デイケア担当の先生が病棟の中で仕事をするとかできないのですか」と問いかけている．
　これは，われわれスタッフがデイケアのような外来患者のサービス部門にあまり時間を取られ過ぎると，入院患者の世話が疎かになるので，もっと入院中の患者を診てくれ，と病棟の中から苦情が沸き起こっていたのである．そこでA子さんは，われわれがどんどん病棟の仕事ができるようにして，デイケアは先輩たちが援助者になって活動を続けられるようにできないか，と問うているのである．その時，ある男性の患者さんは「皆の情熱があれば散会しても続けていけると思うし，それがほんとうの形であると僕は思うね」と述べている．そうして，「病院がだめなら地域でやろう」という結論を出して，このグループは病院から出たのである．同時にデイケアを担当していたサイコロジストも病院を辞めて彼らと行動をともにしたのであった．
　さて，地域に出たとはいうものの，地域での活動を維持するためには，病院を退職したかつてのデイケア担当者1人ではできるはずがない．そこで止むなく，私が病院勤務の傍ら運営していた中間宿舎「やどかりの里」に吸収合併して，このグループ活動を継続していくことにしたのである．1972（昭和47）年4月のことであった．

2）地域の中での活動は気楽に来ることができる

　このグループは1972（昭和47）年5月に「爽風会」と名づけて，地域の中で活動をくり広げることになった．この経過の中で，病院の場におけるグループ活動と，地域に出てごく普通の民家を借りて行うグループ活動とでは，大きな違いがあるということに気づかされることになったのである．

ひじょうに印象的だったのは,「気楽に出て来られるわ」という
メンバーの声であった.「やどかりの里に行ってくるからね」とい
う感じで来るのと,「今日,病院に行ってくるからね」というのと
では,メンバーの気持ちがたいへん違っていたのである.
　後日,そのことを彼らに聞いてみると,「やどかりの里って何な
の」と他人に聞かれると,「同好会よ」とか,「趣味のグループよ」
というふうに友達とか近所の人に言っていたそうである.ある人な
どは「それじゃ,私も行ってみたいわ」と友達に言われて,あわて
て「今,定員いっぱいでだめよ」と断ったりしたという.「気楽に
行ける」ということが皆の感想であった.したがって,
　「やどかりの里があんまり有名になったらたいへんだ」
　「やどかりの里に行くと気楽に言ったら,そこは精神障害者の訓
練所だということがわかっては困るんだ」
というような声も,後になって起こってくるのである.デイケアが
病院の敷地のはずれにある看護婦寮を使った場所であったにもかか
わらず,彼女たちの意識の中では「病院」という意識は強く,「気
楽」という気持ちにはなり得なかったのである.
　もう1つの違いは私に関することであった.「やどかりの里」に
移ってからは,病院ではなく地域の中であるから,当然白衣を着て
いない.もともと私は病院でも白衣を着てはいなかったのである.
白衣をつけるということには,職員と患者をはっきり区別するとい
う意図がある.そこで私は,給料は病院からもらっているけれども,
より患者さんに近い立場にいる人間である,ということの意思表示
のために白衣を脱いだのである.病院にいてもきわめて患者に近い,
患者の味方として自分を位置づけていた.そのためには馘(くび)になって
も仕方がない,とも当時は思っていたのである.
　しかし,患者さんたちはそうは見てくれていなかった.私が病院
を辞めて「やどかりの里」に移った時に,「ああ,先生,これで安

心したよ」と言った人がいる．「何で」「だってさ，先生はにこにこしているけれども，それで人を切るからね」「えっ」と問い返してみると，私はにこにこしながら入院させてしまうと言うのである．病院にいる時にはそういう心配があったが，もうなくなって一安心だというのである．

また，私が病院を辞めて「やどかりの里」に移った当時は，メンバーと同志的なつながりがあった，と彼らは言った．仲間とはちょっと違ってはいたが……．彼らには私は，一応信用はしているけれども，いつかは裏切られるかもしれないと思える人であったり，無理やりに自分のことを病院に入れてしまう人なのではないか，という心配が拭えなかったようである．

3）心配よりも実現できる手立てを考える

以上のようなことのほかにも，まだいろいろな要素があったのであろうが，自分たちでいろいろなプログラムを作り，自分たちでいろいろな活動をくり広げていく方向へ発展していった．こちら側の援助はきわめて薄くても，自発的，自主的な動きが芽生えてきた．

例えば，「山に行きたい」「尾瀬に行きたい」ということが話題に出た．病院にいた時なら，「えーっ，あの人を尾瀬に連れて行くのっ．とんでもないっ」と言われてしまうようなメンバーも中にはいた．しかし，「やどかりの里」に移ってからはとても自由であった．

われわれが活動する時には，われわれを取り巻く枠組によって規制される．だから，病院におけるグループ活動であったら，尾瀬の山登りを1泊2日でしたいなどということは，「とても無理ではないか」，あるいは「何か事故があった時にはどうしようか」というようなことを真っ先に考えてしまいがちである．しかし，地域に移ってからの「やどかりの里」では，「どうしたら実行できるか」とい

う方向で，皆がいろいろなプランを立てて，尾瀬行きを決行したのである．もちろん，中には緊張のあまり途中で登れなくなったメンバーも出てきた．そのメンバーにはスタッフ2人が前と後につき，お尻を持ち上げながら何とか日が暮れる寸前に，ようやく宿に着くということもあったのである．

　われわれがこのことで経験したことは，「患者さんだから」「何か事故があったら」……と心配するあまり，彼らのいろいろな要求や要請を十分に受け止められなくなってしまう自分たちがいることに気づかされたことである．病棟にいた時には「管理」してしまう形になって，患者さんの気持ちを十分に汲み上げることができなかったことを反省させられたのである．

　彼らが自分たちの要求を仲間が認めてくれ，すぐプログラムとして取り入れて，プログラムができたらすぐ実行に移される．さらに帰って来てどうだったかという話し合いがなされるのである．後日，あるメンバーが尾瀬行きのことについて語ってくれた．

　「私はあの山には登れないと思ったけど，皆に助けられて登れた．それからは，山に登ってあんなに元気が出た時があるんだから，こんなことでくたばってたまるか，と自分に言いきかせているのです」

　踏ん張って努力してやり遂げた経験が，たとえそれが仲間によって助けられながらであっても達成できたことは，その後の彼女自身のひじょうな自信になったのであった．すべての物事をする時にその時のことが甦ってきて，「あの時できたのだから，今できないはずはない」というように彼女の中で広がっていったのである．

　グループ担当者は，病院の中でも，地域（やどかりの里）でも同じ人物であったにもかかわらず，病院の制約の中では，プログラムとしてこれはできるか，できないかについて，グループ担当者のほうでチェックしていたことになる．しかし，「やどかりの里」に移って来た時には，グループ担当者も自由になっていたので，プログラ

ムをいっしょに作っていき，いっしょに考えていくことが，「やどかりの里」の爽風会の中にはあったのである．

4）仲間づくりが中心課題

(1) 信頼できること

　しかし，いいことばかりではなかった．「やどかりの里」が少々名が知られるようになり，県の広報紙やマスコミで取り上げられると，一気にグループに入る人が増えた時期がある．そして，その途端にグループとしてのまとまりを欠いてしまったのである．5，6人から始まってせいぜい7，8人という感じであったのが，一気に増えた．週5日開催の各曜日のグループとも，だいたい10人ぐらいの単位になり，全部合わせると，時には30人ぐらいの集団になっていった．「爽風会」という社会復帰の準備をするグループとしては人数が多過ぎるのである．それに伴っていろいろな出来事が持ち上がった．

　毎年暮れになると，「爽風会」の仲間内で名簿を作っていた．それをもとに年賀状のやりとりをするのである．ところが，いっぺんに膨れ上がった仲間の中には名簿づくりに反対する人が出てきた．「その名簿を悪用されてしまうから出したくない」というのである．これは以前からグループ活動を続けていたメンバーにとってはたいへんショッキングな出来事だったのである．

　「お互いに信頼できないんだったら仲間じゃない」と詰め寄り，つかみかからんばかりの勢いでグループがもめた時期がある．ある人の主張は「自分たちは仲間なんだから，住所ぐらい知らせて連絡を取るということは，きわめて重要なことではないか」

　しかし，ある人にとっては「相手を信用できない．悪用されたら今まで病気を隠していたことがばれてしまう．自分だけじゃなく，

家族にも迷惑をかける」

　ここで私はアンパイアの役目をしなければならない羽目に陥ったのである．

　「1人でも嫌だと言う人がいるのだったら，無理して名簿を作らなくてもいいんじゃない」などと綺麗事（きれいごと）を言って皆を納得させてしまった．

　当時は新しくできたグループに入ったメンバーや，古くからいたメンバーなどが混在していたので，混乱を治めるためにジャッジメントしたのであるが，今だったら「徹底的にやり合え」と言ってわれ関せず，「俺の知るところじゃない」などと言って引き上げてくるところである．仲間としての集団が徐々に出来上がっていく過程には，このような混乱の時期もあったのである．

（2）皆の関心事や課題性が活動を作る

　「やどかりの里」のグループはいっしょに考え，いっしょに歩み，そしていっしょにもう1度振り返る，ということを目標にしていた．したがって，プログラムは皆の関心事，問題，課題性で作られていくことが基本的であると考えていた．ところが，「やどかりの里」を社会復帰訓練学校だと思って来ている人にとっては，「ここはお金を取って何もしてくれない」という不満が出たのである．

　「何か教えてくれるかと思ったら教えてもくれないし，何か面白いプログラムがあると思ったらそれもないし，何を聞いても皆で考えろなんて，それで金を取るなんてひどい」というわけである．メンバーが受け身なのである．社会復帰のために必要なものを教えてくれる，あるいは提供してくれる，またはそういう情報が得られる，というようなことを期待して来ていたその人は，仲間を求めて来ていたのではなかったのである．

　これは辛い経験の時期であった．この時グループ担当者は耐えた

のである．いや，むしろ開き直ったと言ったほうがよいであろう．この開き直りとは，「ああそうだよ，ここは学校じゃないんだよ．教えてもらいたかったら他の学校へ行きなさい」というものであった．それである人は「やどかりの里」を去って行ったし，ある人は残ったのである．きっとお互いに辛い思いをしていたのであろう．

　しかし，それは「爽風会」というグループにとって1つの大きな転機であった．

　「そうだ．やっぱり『やどかりの里』は社会復帰訓練学校というよりも，仲間内で教えたり，教えられたり，持ちつ持たれつするものだ」ということが，その時のスタッフとメンバーの中で確認されたからである．だから，あまりスタッフを頼りにしないで，やはり自分たちでプログラムを作ってやらなければ……という考え方が，そのころからぼつぼつと芽生えてきたのである．

（3）生活をともにすることの大切さ

　われわれは「どうしたら訓練学校ではなく，仲間ができるのか」と迷い，考え抜いたものである．かつて尾瀬に行った時のような，あるいは病院から地域に出た時に，「いっしょにやろう」と言ったあの団結力はどこへ行ってしまったのか……ああいう特殊な時だったからそれができたのであり，もうそんなことを望むのは，新しく入った人たちには無理なのだろうか，と深刻に悩んだものであった．

　この時に，われわれに1つのヒントを与えてくれたのは，かつて「やどかりの里」は共同住居から始まったという事実であった．いっしょに寝起きし，同じ釜の飯を食い，同じ屋根の下で生活をした経験のある仲間たちの姿であった．当時は共同住居の活動はなくなっており，皆大宮市内のアパートで生活していた．彼らはわれわれの手を離れてごく普通の生活を営んでいた．彼らはだれかが秋葉原（東京）に電気製品を買いに行きたいと言うと，「よし，俺がいっしょ

に行ってやろう」と同行してくれたり,「俺の所に泊りに来い」と言って,正月などにはあっちに行って泊り,こっちに行って泊りということをしていたのである.かつていっしょに同じ釜の飯を食った人たちがみごとに共同して,そのまま仲間としてのつながりを持っており,時々私に報告に来る程度で,彼ら自身の社会生活が営まれていたのである.「ああ,そうだ.仲良くなる基本は,やっぱり同じ釜の飯を食い,寝起きをともにするようなところから生まれてくるのではなかろうか」ということが甦（よみがえ）ってきて,通所でのグループ活動（爽風会）の中にも,少なくとも月に1度,2泊3日の合宿をしようということが提案されたのである.

　この「生活をともにする」ということが,ある時期,仲間づくりが少し薄れていっていたところを,もう1度みごとに立て直したのである.そこで改めて,われわれが目指していくのは「仲間づくり」なのだということを,全員で確認したのである.われわれがやるのは料理教室を開くことででもなければ,皮工芸教室を開くことでもなく,また,いろいろなメニューを用意して社会復帰の訓練をするのでもないということ,人と人とがぶつかり合えるような仲間集団を作っていくことが,われわれの活動の中核であると再確認されたのである.

5）地域住民との交流

（1）存続の危機が外部に目を向けさせた
　1975（昭和50）年,「やどかりの里」は再び危機に見舞われた.今回の危機は先述したような内部の危機ではなく,外部からきた危機であった.
　やどかりの里の累積赤字が1975（昭和50）年には500万円に達して,まさにパンク寸前の状態になっていた.そこで私がある席上,

「このままの財政では『やどかりの里』は2年と持ちません」と言ったことが，爽風会にすさまじいショックを与えたのである．「自分たちが唯一拠り所にしている所がなくなったら，自分たちはどこへ行ったらいいのか，自分たちはどうしたらいいのか」ということで騒然となったのである．間もなくこの外からの揺さぶりは，仲間集団の中に「自分たちも『やどかりの里』の活動を担っていくのだ，『やどかりの里』を自分たちで支えていくのだ」という動きを生み出していったのである．そうして，どうしたら「やどかりの里」の財政問題に自分たちなりの力を発揮して，支えていくことができるか，ということを考え始めたのである．そうして，「活動費の値上げは止むを得ない．少しでも『やどかりの里』の負担を軽くしよう．また，自分たちはまだ働いていないからお金がないので，自分たちにできることは自分たちの活動をバザーに振り向けて，少しでも収益を上げるようにしよう」と話し合われたのである．

このような一連の動きの中から，自主的な働きが湧き上がってくることになった．外から迫ってきた危機的状況に，内部が結束して立ち向かっていったわけで，その時の仲間集団の燃え上がりは実にすばらしいものがあった．この力はその後，県や市に対して向けられていった．県が助成金を出してくれないなら市に請願しよう，やはり自分たち自らが請願しなければいけないということで，「やどかりの里」のある地元中川地区の家を1軒1軒訪問して署名運動をくり広げ，瞬（またた）く間に500名の署名を集めてしまったのである．彼らにしてみれば，そうやってでも自分たちの場，「爽風会」を失いたくなかったのである．そうして，自分たちの仲間集団がなくなってしまってはたいへんだということで奮い起こされた勇気は，彼らにすばらしい経験を与えてくれたのであった．「1人ではできないことも，仲間とならばできるんだっ」

（2）活動の交流からの気づき
　以上に述べてきたような動きがグループ活動の中に継承されていき，やがて大宮市の市民親善バレーボール大会に出場することになった．たいへんへたなチームで，一般の青年チームとの試合では負けてしまった．しかしその反省から，
　「俺たちってチームプレイがなっちゃいないな」
　「俺たちってどうしてあんなに動きが鈍いんだろうな」
　「俺たちってどうしてあんなに融通がきかないんだろうな」
　「他のチームって凄いな，粘りがあるもん，気迫があるもん」
　「俺たちって……」
　一般市民とのこうしたつき合いの中から，自分の力量，自分たちの足りないところを気づかされて，それが自分たちの課題になっていった．
　「もっと基礎的な体力づくりをしようではないか」
　「話し合いがへただから，対話がうまくなるようにもっとミーティングを増やそうではないか」
というようなことが提案されて，グループのプログラムに変化がもたらされていったのである．
　また，このバレーボール大会の後，地域の人たちの中に活動が広がっていくことも多くなった．自治会の運動会に参加するなど，ごく普通のつき合いを求めて，活動のあり方にも徐々に変化が見えてくるようになった．
　このようにして，「爽風会」の中に，自分たちの内部の問題や外部の問題と対処していく中で，「自分たちの活動」という意識が芽生えてきて，グループ集団は自分たちの活動をくり広げていったのである．その中である人は力をつけ，そのグループ集団から，いわゆる「卒業」という形をとって一般社会の中に飛び込んでいった．

その人にとって，グループにおける経験が一般社会の中でも「あの時にできたのだから，できないはずはないさ」というがんばりにつながっていく．このようなことが，「やどかりの里」における「爽風会」というグループ活動の大きな流れになってきているのである．

4．メンバーにとって仲間の持つ意味

「やどかりの里」が10年目を迎え，「爽風会」が8年目を迎えたころ，私はグループの意味について考察する機会があった．振り返ると，この長くもあり短くもあった期間に実にさまざまな出来事があったものである．

そこで，本節ではグループ活動を経験した彼らが，グループそのものをどのように見ていたのか，について触れることにする．

1）仲間ができにくい理由

まず，彼らが「最も安心できる時は自分が1人でいる時」であることを理解してかかるのが肝要である．これはまさに彼らから私が学んだことなのである．だから，仲間づくりということが必ずしも特効薬にはならない，ということも理解しておく必用がある．

また，彼らは「仲間ができない病気だ」ということも述べている．
「僕が爽風会の会員になって早くも3年になる．その間，いろいろな出来事があった．今，回想してみると，いろいろな人たちと浅くもあり，深くもあるような関わり合いがあったようです．僕は生来無口でおとなしいほうなので，ぼんやりしていることが多いので，お世話になるほうが多かったようです．と言うのは，強度のノイローゼがあって，最終的には精神分裂病という診断書まで書かれていたということだから，人と人との触れ合いを深めるとということはた

いへん退屈で，きつく，重くのしかかっていて，とてもやり切れなかったようだ」

　もっと深刻なのは「友達がもともとできない」という訴えがあることである．

　「『やどかりの里』を知らなかった時は，いつも1人だったんですよね．隣で友達同士がしゃべっているのを見て，うらやましいなと思ったんですけど，どうやったら友達が得られるかわかりませんでしたし，普通の人とは心を割って話をすることもできませんでしたから，ここへ入って友達ができてほんとうにうれしかったですね」

　「友達の作り方がわからない」「友達がかつていたことがない」というのは病気をしたからではなく，病気をする前からそういう傾向を持っている人が多いということである．したがって，「やどかりの里」に来られた当初は，慣れるまでたいへんな困難を感じる人が多いようである．仲間に入っていけないという嘆きを，彼らの1人は次のように記している．

　「その活動を通じて何をやっても，その活動の中にうまく入っていけないような状態となっていました．それというのも，何をするにも不安で，自信がなく，意気地がなく，活動の中でほんとうに仲間といっしょについていける状態ではとてもありませんでした．いつも引っ込み思案で，臆病になっていて，何をやってもへまをしそうな感じになっていて，それは，メンバーにも迷惑をかけているんじゃないだろうか，スタッフはなおさら，僕のようなものが邪魔になっているんじゃないだろうかと，もう疑心暗鬼で通い始めました．その自信のなさ，不安さ，そのようなものが通っている時にもつきまとって，電車の中でも，バスの中でも，皆他人から見られているんじゃないか，あの人は変な人じゃないだろうか，少しおかしいんじゃないだろうか，というそのような目で終始監視されているような状態が続きました」

彼らが仲間に入っていくのには、上記のようなたいへんな困難さを伴うものなのである．

かつて私が病院のデイケアを始めた時に、ある患者さんが私の所に来て言ったことがある．

「先生、分裂病という病気をした人には、仲間ができないんだって言われたんですよ」

このようなことが常識になっていた時代があったのである．だから、「えっ、『やどかりの里』で仲間集団がそんな連帯感を持っているの……、それは分裂病でない人が集まっているんじゃなかろうか」と精神科医から言われたことがあるのである．つまり、仲間ができないということはまさに分裂病そのもので、逆に仲間ができるということは誤診である、というわけである．したがって、グループを始める当初に、私は医者から、「おまえ、グループなんてやったってだめだよ．あまり効き目がないよ」というようなことを言われた．もっとも、私には当時グループセラピーをやるというような気負った気持ちはなく、ただ「集まろう」「だべろう」というところから始めていったのであり、グループがそんなにすばらしい効果があるなどとは少しも思っていなかったのである．

以上のことから、私が彼らから学んだことは、分裂病の患者さんたちが、仲間集団を作ることが不得手なのは、「本来彼らが１人でいるほうが安心できるような感じを持っている」と同時に、「仲間に入っていくのに意気地がなくなっている」ということからきている、ということを表わしているということであった．

2）仲間の効用10か条

しかし、仲間ができにくくても、一方で仲間の持つ力によって自らも力を発揮していけることもあるのである．

(1) 同じ悩みを持った者同士

　まず第1に，彼らが仲間を見る時に最も基本的なことになっているのは，同じ悩みを持った者同士であるということである．彼らの1人は次のように述べている．

　「始めのうちは，『やどかりの里』に来るだけで疲れて，横になってしまうような状態でした．今では『やどかりの里』の活動にようやくついていけるくらいになりました．『やどかりの里』に来る前までは，こういうことが病気だということがよくわからなかったのです．『やどかりの里』に来て，みんなと話しているうちに，こういう弱い面がいっぱいあることを知りました」

(2) 仲間の前では嫌なことも気になることも言える

　2番目には，仲間の前では嫌なことや気になることも言える，ということである．

　「ある時，グループ活動室の時計の音がとても気になり，時間に追われているような感じで，そんな時に仲間に話をしたら，『そんなに気になるなら……』と言って，みんなが不自由になるのに時計を止めてくれました．そのころからスタッフだけとの関係じゃなく，みんな仲間の前でも嫌なことや気になることが言え，そして，それを受け止めてくれる仲間から入院の話を聞くと，とても辛い場所だと思う．つくづく自分は入院しないでやったことがよかったと思っています」

　これは入院をしないで，デイケアのような「爽風会」を利用して，その後仕事に就いた人の言葉である．

(3) 仲間は決して傷つけ合わない

　3番目は，仲間は決して傷つけ合わない，ということである．

「友達といえば,『やどかりの里』の仲間は決して傷つけ合うということがありません．これはメンバー同士の信頼感や深い思いやりがあるからだと思います」

(4) 仲間という意識は調子の崩れも食い止めることができる

4番目は,仲間という意識は調子の崩れも食い止めることができる,ということである.

「同じ仲間なんだし,仲間という意識をいつも持っていれば,ひじょうに強いんだろうと思うんです．また,調子がちょっと崩れても,仲間ってものがあれば,そこで食い止められるんじゃないだろうか,僕はそのように思いました」

仲間意識が出来上がってくると,調子が崩れた場合でも,ずるずると病状の悪化へといかない．言わば仲間意識が病状悪化防止の楔(くさび)になっている,と彼は述べているのである.

(5) 仲間は鏡である

彼女は「やどかりの里」を終了して,一時「やどかりの里」を離れた．患者さんの集団にいつまでもいたら自立が損なわれる,ということで離れた人である．そしてふたたびもどって来た時に,彼女は次のように語っている.

「もどって来てすごく暖かいなと思ったんですけど,ある時,こんな冷たい,こんな自分をいじめるような所もないなと思ったんです．ある程度社会の適応性を身につけると,ここ(やどかりの里－筆者註)は邪魔になりますね．いつもここにいると,病気のことは絶えず頭の中に置いてあるんですね．離れないんです．そして,過去の状態というのがすごく思い出されるわけです．ですから,ある時期がきたら,これ(やどかりの里－筆者註)はいらないんじゃないかと思った時もあります．あの,いつもうまく言えないんですけ

ど，ここ（やどかりの里－筆者註）はいつも自分の過去とか，現在とか，必ず自分を鋭く見つめるという所なんですね．ですから，甘いっていうことはできなくて，こういうことを申し上げちゃ自分が偉くなっているようですけど，ある時期を過ぎたら，ここ（やどかりの里－筆者註）は自分を鋭く見つめる場所じゃないかと思うんです」

　まさに仲間は，時には反面教師のようなもので，過去の自分の辛かった，あるいは自分の乱れた様を仲間の内に見てとても苦しい，辛い思いをすることがある反面，否が応でも自分はああなってはいけないと，もう1度その辺りを鋭く見つめ返されるのである．

(6) 仲間は目標である
　「仲間が5年も10年も薬を飲みながらがんばっているのを見て，私も病気にならないため，薬を欠かせないものとして重要視するようになりました」
と言った人は，入退院をくり返す中で，必ず退院と同時に薬の服用を止めていた人である．その人が上記した言葉を言っているのである．われわれはたいへん不思議に思って彼女に聞いてみたことがある．「普通は具合が悪くなった人を見て，私も薬を飲まなくちゃいけないと思うのだけれど，あなたはどうしたの」

　「だって先生，薬を止めて具合の悪くなった人なら，病院にいればいつでもいやというほど見せつけられてるわ．でもね，やどかりの里に来て，ああ，あの人は5年経ち，10年経ってもあんなふうにやれている．私もがんばんなきゃ．薬飲んでたってあのくらいできればいいじゃないの，と思えるようになったんです」

　彼女にとって1つの目標が，このようにして仲間の中で作られていったのである．

（7）仲間の突き上げで教えられる

　「自分で薬を止めたこともありますし，全然寝ないで1日を過ごしたこともあったし，そういう感じが強かったんですね．深夜放送を聞いたり，全然眠らなくてもいいとか，薬を飲まなくてもいいんじゃないかという気持ちが湧いてきました．そういう気持ちをある日ちょっと話したんですよ．僕は今，こういうことをしている，と．そうすると，あるメンバーから，そういうことはいけない，薬は飲まなきゃいけないんじゃないか，という話が出まして，僕はそんなには重要に考えていなかったんですよね，薬のことは．だけどそういうことで嫌々飲んでいましてね．ある日，アルバイトに行ったんです．そうしたら症状が出まして，これはたいへんだ，というのですぐ薬を飲みまして，それから今度は薬というものに抵抗はありましたが，飲むようになりました．そういう感じがあったので，メンバーというのはその点を教えたというのか，メンバー同士で突き上げてくれたというのがいちばん嬉しかったですね」

（8）仲間によって自信がつく

　「私はあそこ（やどかりの里－筆者註）へ行って友達ができたということが，何よりのあれだと思うんですよね．友達ができたことから，自分もやってやれないことはないんじゃないかと思えてきて，自分も何かしらできると自信がついたのです」

（9）仲間によって揉まれる

　ある人は「仲間集団がとても居心地がいいというのは問題ではないか」と言った．

　「要するに，自分の生活は自分で守らなくてはいけないし，だれにも頼っていられない．その強さみたいなものを『やどかりの里』

で育てられたらなあと思うんですね．ほんとうに自分を出してぶっつけ合って，その傷つけられた部分を自分たちの手でまた慰めるというか，補い合うことのできる『やどかりの里』であってほしいと思うんです」

(10) 仲間の中で自分を取りもどす
　仲間の持つすばらしさを，私は2人の人の言葉を借りて，本節を締め括りたいと思う．
　「ここ（やどかりの里－筆者註）へ来てから孤独感からの開放が僕にあった．仲間意識ができたことです．これは前に比べるとまったく変わったことです．ちょっと変なことがあっても，こんなこと普通の人にもあるだろう．明日『やどかりの里』へ行って話せば治るだろうと思って普通に過ごしました．前ははっきりした目標がなかったけれど，今はあるから，少しぐらい調子が悪くなっても，そのうち何とかなるだろうと思うようになりました．前だと恐くなって家に引きこもっていたはずです．少し自分を見られるようになりつつあります．病気への意識は確かにある．病気を受け止めるというのはあまり好きではないけど，ただ自分なりのあり方，やり方で何とかしていこうと思う．自分で手を焼くようだったら，その時は『やどかりの里』のスタッフとか友人と話し合っていこうと思っている．仲間の中で自分を取りもどしたいということになるのでしょうか」
　「精神障害者が社会で生きていくためには，仲間はぜひ必要です．仲間の一言でふっと立ち直れる時だってあるのだから」

5．グループ活動の原則

1）グループの性質

(1) グループは生き物である

　私はいつも，グループは呼吸しているし，生きている，まさに生き物そのものだという感じを持っている．生き物だから生まれ，そして死んでいく．したがって，グループには誕生があるし，消滅もあるのである．

　人間にたとえるならば，グループが始まった時はよちよち歩きの赤ん坊である．ああもしよう，こうもしよう，あれもしなさい，これもしなさいと，グループ担当者はそのつど手を貸さなくてはならないような羽目に陥る．

　しかし，そのうちに，グループ担当者はどこにいるのかわからないような形になって，活動をやり始めるようになる．言わば腕白期の，ひじょうに活発な活動の時期である．だから争いもあれば喧嘩もある．大騒動が起こることもある．しかし，グループはいろいろな方面に関心を示して，活動自体も広がっていく．

　そうかと思うと，だんだん物わかりがよくなっていく反面，だんだん興味を失っていき，皆は別の方向を向いているようになる．さめた大人の段階に入っていくのである．そうしてだんだん老衰していくわけである．それぞれ自分の好きなほうに散って行ってしまう．

　そこでグループ活動は終わるのである．

　長いか短いかの差はあるけれども，グループはつねにそういうような生き方をしているのである．

　しかし，時には先述した「やどかりの里」の例のように，新しい人が入り，ある人は去り，というようにつねにグループが新しい血

を取り入れて生き続ける，というようなこともある．

(2) グループは1つの人格である

　グループはリーダー，すなわち，グループ担当者のもとで1つの個性的な，ひじょうに特徴のある人格を持っている．見落としていけないのは，グループリーダーあるいはグループ担当者その人の人となり，個々人の個性の間で織り成す相互作用，あるいはひじょうに個性的なメンバー間の相互作用があって，これらが徐々に1つの人格，1つのまとまりを持つようになってくる．独特の雰囲気を持ってきた時はグループが成長してきた1つの証拠である．したがって，この独特の雰囲気や人格というのはきわめて大切にしなければいけないものなのである．しかし，そのためにかえって独断的になることもある．また，時には自閉的になったり，排他的になったりもする．「余所者は入れない」というきわめて横暴な状態をグループが発揮することさえある．しかし，それはグループが1つの人格ともいうべき個性を帯びてくることでもあるので，むしろ悪いことと捉えないで，ある時期グループの結束力のために，喜ぶべき傾向として大切にしたいものである．

(3) グループは個々人によって形成されている

　このことはあまりにも当たり前過ぎているために，見落とされることがよくあるのである．グループにもいろいろなニュアンスがあるけれども，ただ人が集まっているからグループだというのは，私が先述したようなグループとは異なっている．人が集まってそれとなくそこに屯するのもグループであるが，先述の，生き物みたいな形で，1つの人格としてのグループを考えると，個々人がいかにグループに関与しているかという参加の度合いが問われるのである．

　グループが1つの人格を持っていると述べたが，より基本的には，

グループを形成している1人1人の人格が集まって，その寄り合いが有機的統一体として出来上がっていって，初めてグループは生き物になるのである．したがって，大切なのは，グループを担う1人1人の個性，独自性を理解することなのである．換言すれば，グループの中におけるメンバーの個別性を理解する，つまり1人1人の生い立ちや境遇，興味，関心，また彼らの抱えている問題，その問題が彼自身を取り巻く状況などを，どれだけ深く理解することができるかは，グループ運営と実に深い関わりを持っているのである．

　また，グループメンバーをどう理解していくか，グループ担当者との間における信頼関係がどの程度のものであるか，ということはグループメンバーの一員になる際に大きな助けとなるのである．また，メンバーにとっては，自分が理解されていると感じることが，グループの中で自由になれ，力を発揮していくことと大きく関係しているのである．例えば，私と信頼関係ができている人の場合，私がその場にいるだけでその中で自由に発言し，自由に行動することができる．これはある意味で私が自分を支援してくれると考えるからである．その場合，私は言葉としては何も言わないけれども，その人は私が支援してくれるはずだと考えて，グループの中で生き生きとして活動していけるのだ，と語ってくれたことがある．グループ担当者が個々人を理解することと，個々人との信頼関係如何が，グループそのものに勢いと，命と，熱と活力を与えることになるのである．

（4）グループは良さも悪さも受け入れてくれる器

　グループとしての結束が出来上がって仲間意識が芽生えてきて，安定した居心地のよさがグループの中にできると，「何か言っても一々挙げ足を取られない」「批判されない」つまり自分の良さも悪さも受け入れてくれる，というような器がグループに用意されたこ

とになる．グループメンバーはそこで始めて自由になれるのである．「審判されない」「自分に共鳴してくれたり，共感してくれる」という実感が抱けると，そこでまた自分を出していくことができるようになる．こういうことを持つことができるグループの力は実にすばらしいものである．自由に振る舞えるという経験は，彼らの成長にとって実に貴重なものなのである．

（5） グループとは持ちつ持たれつの関係

　「やどかりの里」のグループの中では，「グループの中で自分がお世話になったから，今度はお世話をしなきゃ」という声がよく聞かれる．

　「初めて『やどかりの里』に来て仲間に入る時には，たいへん緊張して自由に振る舞えないことがほとんどである．その時に他の人がその緊張をほぐしてくれたり，自分に仕事をくれたり，あるいは，自信が持てなかった時やもたもたしている時に，手取り足取り教えてくれたことがとっても有り難く，そのことに力づけられて，自分の殻の中から抜け出すことができ，よちよち歩きを始めることができた．今度は新しい人がやって来た時に，自分が助けて上げたい」というわけである．これがグループの持ちつ持たれつの関係であり，このような形で，かつて世話を受けた人が世話をする人の側に立って，彼らの成長へと結びついていくのである．

（6） グループは絶えず成長している

　普通の人間関係でもそうであるように，「昨日の彼らは今日の彼らではない」のである．しかし，我々の間でも昨日の彼と今日の彼とは同じであると見做（みな）したところからつき合いが始まって，どこかでずれてしまうことがよくある．ましてグループということになると，グループの場面の中だけで生活しているわけではないので，グ

ループの場面の経験が自分の家庭なり，社会の中の経験へと拡大していき，そこでもっと劇的な出来事に遭遇することになる．したがって，週1回のグループは前回のグループの続きの経験ではなく，1週間を踏まえたところでふたたび新たな経験を個々に積んで集まってきたのだ，ということを考えないと，多くのことを見落としてしまうことになる．1人1人が1週間なり1か月なりの経験を持ち，それらが報告されるのである．そのことがグループ全体にどう影響を与えていくか，さらにそのことが今日のプログラムにどう跳ね返っていくのだろうか，ということは絶えず意識しておかなければならないことである．

　ふたたびグループが集まる時は，この前のグループとは同じではないのである．その間にいろいろなことが織りなされて，新鮮な何かが生まれるかもしれない．だからグループ担当者はつねに新しい気持ちでそのグループに臨まなければならないのである．個々人が絶えず成長すると同時に，グループもまた成長していっていることを忘れてはならないのである．

（7）グループは1つの決まり事によって規制を受ける

　グループが成長してくると，自分たちのルールのようなものが生まれてくる．時にはそれは，はっきりとした約束事として決める場合もあるし，暗黙のうちにそんなことをしてはいけない，というようなことも出来上がってくる場合もある．その約束事が破られると，破った人はグループの中から弾き飛ばされてしまう．特に仲間，一般的な仲間意識というのは，時には厳しいくらい相手に対しても厳しさを要求する．しかし，そのことはその中で揉み抜かれていく1つの経験でもある．そのことはやはりグループの特徴である．しかし，その後で，グループを大切にするなら，自分もやはりがまんしなくてはならない，ということが自ら体験的に学習していくことに

なるのである．

2）各段階におけるグループ担当者の役割と基本的姿勢

　私は基本的にはグループ担当者もグループメンバーの一員であると考えている．われわれの経験は，グループ担当者は仲間に近い存在でなければならないと教えてくれている．しかし，始めから仲間が存在しているわけではなく，すぐに仲間として認められるわけでもない．グループ担当者は「仲間づくり」を推進していく役割を負っているのである．

　仲間づくりをしていくためには，グループとして成立するために，初期的な段階ではさまざまな援助が必要である．

　やがて，グループ担当者の助けを借りながらグループとしてまとまってくると，グループ担当者とグループメンバーとの関係にはやや変化が生じてくる．グループ活動の中でいっしょに揉み合ったり，角突き合わせて張り合うわけであるから，グループ担当者はグループの一員のように自己主張もし，本音をメンバーの前に曝け出したりもする．この段階になると，グループ担当者はメンバーを受け入れるだけでなく，メンバーに自分が受け入れられるという経験を持つ．まさに対等なつき合いがくり広げられるわけである．対等というのは始めからあるのではなく，ともに活動をくり広げて行く中で獲得していくものなのである．

　同じ意味で，グループメンバーとグループ担当者を位置づけるのに「平等」という言葉があるが，厳密に言えば決して平等ではない．一方にはグループのまとめ役としての役割期待があり，もう一方はグループメンバーとしての参加なのであるから，自ずと立場が違うのである．「平等性」を強調するあまり主体性がなくなっては，グループそのものの個性まで失われてしまう．むしろ立場を別にする

ことを明確にして、やり合うことができることが大切なのである。グループ活動の中でそのことを通して相互に成長することになるのである。

　グループとしての成長は、グループ担当者がいなくてもグループの運営を、主体的に、自主的に営めるようになることである。その時にはグループ担当者はメンバーと別れることになる。メンバーが独り立ちできるようになれば、グループ担当者としての役割は終わる。われわれのグループではメンバーが自立して「さよなら」と卒業していくのがつねである。メンバーの中でリーダーとして認められ、グループ担当者とも対等にやり合えるようになると、それは「別れ」を意味するのである。したがって、その後グループ担当者は、次のリーダーが育ってくるまで忍耐強く時を待つのである。このようにして、くり返しグループには変化が生じ、グループ担当者には休まる間がないのである。そして、グループの成長のその時々に対応して、どのような関わり合いをしていったらグループが生き生きしてくるか、ということを学ばせられるのである。

　では、ここでグループの初期の段階におけるグループ担当者の援助の役割と基本的姿勢について触れることにする。

（1） グループ初期における役割
　① メンバー個々人との関係を大切にする
　グループ担当者とメンバー個々との関係は、グループ全体の関係に大きな影響力を持っている。もともと仲間を持っていない人たちが多いから、仲間づくりがすぐに成功することはないのである。一般に、メンバーがグループ担当者との間で信頼関係を持つことができるようになり、徐々に仲間集団へと関心が向かうことはよく見受けられることである。メンバーとグループ担当者との関係が成立で

きない場合は，メンバー同士の関係もきわめて困難なものになることが多い．したがって，グループ担当者と個々人との関係の成立が，グループづくりの基礎だと言っても過言ではない．

② グループメンバーが表現できるように援助する

一般によく見受けられることとして，グループワーカーが，メンバーのグループでの発言を助けるよりも，妨げてしまうということがある．「なぜ」「どうして」と聞き返して，結果的にはメンバーを問い詰めてしまったりする．そうではなく，グループ担当者は「そう」「そして」「それから」「どうなったの」「あなたはどう考えたの」「こういうことなの」というようにメンバーの意見を引っ張り出して，自由に表現できるように助ける必要がある．このような作業をくり返していく中で，メンバーは相互に自分の意見や考えをはっきりさせていくのである．

③ メンバーを勇気づける

多くのメンバーは自らの発言に自信を持てず，自分の発言が相手にどのように受け取られるかとびくびくしている場合がある．その時にグループ担当者の「それがいいと思うよ」とか「よかったよ」という一言で，どれだけ勇気づけられるかわからないのである．重要なことは，言葉で言わなくても，担当者との間に信頼関係が成立していれば，グループ担当者がその場にいてくれる，あるいは首肯いてくれるだけで，メンバーは勇気づけられる場合があるのである．

(2) グループ初期における基本的姿勢

まず，「温かさ」と「がまん」をこの期の基本的姿勢の中心に据える．しかし，これは簡単なようでこれほど難しいことはない．グループ担当者1人がその気になって走ると，気づいた時にはだれも

後についていないこともしばしばある．そういう時，1人で焦ってしまい，1人ですべての物事をやろうとして，空回りしてしまう．それに対して，これは水が高きから低きに流れるように，あるいは，柿の実が熟して落ちる瞬間までがまんをして待つという姿勢が必要である．これはグループ担当者自らの修業にもなることである．

しかし，自然界の法則とグループにおける法則にも共通性があって，自然の動きや流れを意識し，その流れに自らを委ねていくことができたら，それは最も無理がなく，むだがないばかりか，最も自然でもある．

(3) グループ中期における役割
① 個々人の問題を全体の問題へと提起していく

グループの中で起こったことを捉えて全体の問題へと提起していくのには，タイミングが重要である．そして，これはグループ担当者の洞察力にかかっているのである．「この問題は全体に返して，皆の意見として取り組もう」という働きかけを，タイミングよく切り出していけるかどうかが肝要なのである．これはきわめて意図的な働きかけであり，それによってグループの流れが変わってくるのである．しかし，このタイミングの取り方は難しく，歩調が早過ぎるとしばしば動きが取れなくなることがある．できるだけグループの流れに身を任せつつ，ともに方向を決定することが望ましい．主に「現在の問題の中心はこれなのではないか」という形で切り返しを行う．

② プログラムをメンバーといっしょに作っていく

グループ活動の場合にはまずプログラムがあって，それに参加することが一般的である．しかし，その場合でも，各自の関心や興味によって時々プログラムを変更することも検討しなければならない．

むしろ，ともにプログラムを作る過程の中にグループの活動があると考えてよい．メンバーの発言からメンバーのニーズをつかみ，プログラムという1つの形にする共同作業，二人三脚としての共同作業が始まるのである．

③ グループの流れをよく見て，時には変化を与えていく

各人のニーズからプログラムができ，そのプログラムに従って活動が行われるが，時の経過は必ずマンネリ化という現象をもたらす．その時に，今1度「この活動が面白いのかどうか」を問いかけると，ふたたび討議がなされ，プログラムの変更に次の活路を見出すことができる場合がある．いずれにせよ，これは，今自分たちのしていることは，グループにとって，メンバーにとって，どんな意味があるのかを確認する作業にもなるのである．

(4) グループ中期における基本的姿勢

この時期のグループ担当者の基本的姿勢は「素直さ」にある．自らがメンバーの前で素直になりきることである．メンバーの動きに素直に気持ちを表現できることが求められてくる．かつて，メンバーの気持ちを表現できるように援助した立場から，自らが自由に表現できることへと変化していくのである．この場合，援助者の立場で臨んでいる時より，より以上にたいへんなことである．物事を見極めることに敏感で，必要に応じて己れを出していけるということは，グループ担当者自身が開かれた心を持っていなければ，自由には動けない．そして，メンバーにグループ担当者が受け入れてもらうという対等な姿勢が必要とされてくる．

（5）グループ後期における役割
① 手を出さないという援助
　グループが1つのまとまりとなって行動を開始するようになると，グループ担当者は特別に援助をする必要はなくなる．むしろ，何も手を出さずにいることがメンバーに対する「援助」になってくる．つまり，「援助者」というよりも，メンバーの一員として「ともに活動をする人」に変化していく．

② 互いに切磋琢磨（せっさたくま）すること
　したがって，その時々にグループ担当者も自らを主張して，意見のぶつかり合いも必要とされるのである．グループ担当者もメンバーの一員として，1つの活動を通してお互いに切磋琢磨して揉み抜くことが肝要である．各人は主張することや，時に妥協して手を打つことまで，集団の中で学ぶことになるのである．自らの意見が取り入れられた場合も，また拒否された場合も，そこには人と人とのぶつかり合いがある．ともに本音を出し合う中でより人間的な接触が生まれる．これらの中から，ともに学習することがグループにおける妙味である．

（6）グループ後期における基本的姿勢
　グループ担当者を必要とすることなく，自主的に運営を営めるようになったグループは，もはやセルフヘルプグループへの移行を始めている．この時期，いかに率直に自己表現するかがグループ担当者の姿勢として必要である．グループ担当者は時にはアドバイザーとして要請され，時には邪魔な存在になることもある．必要とする時にグループメンバーはグループ担当者を始めとする専門家のタレントを「買う」ことの準備が始まる．そこにはグループ参加メンバー，

グループ担当者という枠組みを越えた「平等性」に基づいた関係性の構築が始まっている．それを意識することが，この期のグループ担当者の姿勢に必要とされるのである．

(7) グループの終わり
　「去り行くものは追わず」という諺を，この時グループ担当者は心しておかなければならない．地域の中で専門家の手を離れ，それぞれがメンバー独自の活動を始めていく本物のセルフヘルプグループが誕生する．専門家はそこで何が行われているか知らなくてよいのである．要求されたら必要とするタレントを講師として提供する．「売り手」「買い手」の交換可能な関係が，専門家と当事者の両者の間でくり広げられる世界の開始が，同時にグループ活動の終結でもある．

6．グループ体験の持つ意味

　グループの中でたとえ発言がなくても，参加していることに大きな意味がある．そこに存在することで何らかの影響をメンバーから与えられていることも大きい．そして，1人ではだめであっても，「仲間といっしょなら問題解決に立ち向かうこともできる」という勇気を与えてくれる経験をする場がグループである．
　よくグループ活動の中で言われる「ともに」という言葉は「分かち合う」ことである．1人の経験を皆の成長の土台にしていくわけである．幼児期から人との基本的な信頼感に欠け，良い経験を持っていない場合，ふたたび「ともに」経験する中から学習をし直し，過去の希薄な部分を補充していく場所でもある．長い間仲間を持てなかった，人との良い関係も結べなかった，ということを，メンバーは過去を振り返る中で述べている．グループの中で良い関係が結べ

たならば，それは1つの発見でもある．

　グループの中ではつねに比較する対象がある．「あの人にできて自分にできないはずがない」とか，「あの人のようになりたい」とか，他人と比較する中でライバルにもなり，モデルにもなり，しだいに自分の力量がわかってくることがある．こうして人と交わる中で初めて自分が見えてくる．まさに仲間は自らを映し出す鏡の存在である．そして，その時には病を背負ったり，病に取りつかれてしまって，実に不幸で，惨みじめで，自分だけがこんなに苦労していると考え，将来的にも絶望していたメンバーが，グループの中で自分も他人の役に立つことができる，という経験を通して立ち上がっていくことがある．自分もまんざらではない存在として自己評価を高められるチャンスがグループの中にはたくさんある．

　このグループの経験は，まさに彼らが彼ららしく，自分の人生を背負いながら，自分らしく生きていくという決意を持つことに通じているのである．さまざまな困難に遭遇しつつも，それに耐え，彼らは彼ららしく歩き始めることになるのである．ここにすばらしいグループ体験，グループの働きを見ることができるのである．

終

増田　一世

「記録のない実践は実践にあらず」「目の前の患者さん（メンバー）がお師匠さん」この2つの言葉が，私の職業人としてのスタートにあたり，先輩からの大きなメッセージだった．その先輩とは，本書で共著者となった谷中輝雄さんであり，柳義子さんであった．

このことは，頭ではわかるけれど実践の中でどういうことなのか，新人の私には理解できない時期が長く続いた．私の中で先輩たちが言っていたことは確かにこういうことだったのだと理解できたのは，本書に収録した実践録を書き上げたころだったのではないかと思う．日々の記録を書きとめておくこと，これはルーティーンの仕事である．この日々書きとめた記録をファイリングするだけでは記録ではなく，先輩たちの教えてくれた「記録」とは，もっと別の意味があるのだということに気づいたのもそのころだったと思う．記録は自分の言動を含めて描き出して初めて記録として役立つこと，そして活動は日々流れているけれど，1日が終わったところで活動を書きとめ，それを関係する人たちと共有すること，そして，それを読み返し，記録化された日々の実践の中から課題を抽出し考えていくこと，そうしたトータルな記録にまつわる作業が，「記録のない実践は実践にあらず」の実際なのではないかと思えるようになった．しかし，これは自分自身で4年間のグループ活動の記録をまとめることを通じて，確かにそうなのだと合点したことであって，仕事なのだと強制されたら辛くてたまらないことになってしまうであろう．記録を書きとめて，その記録を実践に生かすことができるのだと実感して初めて，そのことが自分自身に必要な作業なのだと思えるようになるのであろう．

今回改めて，3人のグループ活動に関する原稿を1冊の本にまとめる中で見えてきたことがある．私は，精神病院で専門職として勤務した経験はまったくなく，精神障害者とはやどかりの里で出会った．やどかりの里で精神病院を退院し，その経験も踏まえて1人の

社会人として生きている人たちと出会ってきた．そして，本書でも書いてきたように，私はメンバーと自分との関わりの中に自分自身の姿を見て，自分の生き方を定めてきた．やどかりの里で働く多くの職員が，私の体験と共通の体験を持っている．これまで生きてきた中で抱えてきたさまざまな葛藤を抱えて，メンバーとの関わりが始まり，メンバーとの衝突も経験する中で，メンバーの生き方や人生への構え方を知ることになる．そして，そのことを通して，もう1度自分の人生を見直し，生き直すのだ．

　メンバーが病を得，紆余曲折の中でやどかりの里にたどり着き，もう1度生き直す過程と重なるのである．

　こうしたお互いの生き方を確かめ合う中で，ここで出会った私たちが，お互いの持ち味を生かしながら，どんな活動づくりをしていったらいいのかいっしょに考えていくことになる．どんな町で，どんな暮らしを実現したいと願っているのか，お互いの思いを確かめつつ，お互いの得手を生かしつつ，活動づくりをしていくのである．病気のあるなしにかかわらず，この活動に1人1人がどう貢献できるのかを考えながら進めていく，これが協働の活動づくりなのだと思う．谷中さんが序で触れているように，メンバー中心の活動づくりを模索していくという考え方は，協働という概念を生み出す過程で，一時期去来したものであったが，本質的に協働とは少し意味合いが違う．メンバーも職員も，この地域に生きている1人1人として主役なのである．それぞれの活動場面において，主役を交代しながら共通のゴールを目指すのである．精神障害者のための活動づくりから，私たちが生きやすい社会づくりに視野を広げていった時に，初めて協働の活動づくりへの模索が始まるのである．

　本書は1960年代の終わりごろからのやどかりの里のグループ活動に関する実践をまとめたものである．

柳さんは「生きている仲間」という上・中・下にわたる本を1979年に出版した．やどかりの里の初期の歴史が柳さんの視点で，グループ活動の実際の記録に基づき描かれたものである．今回はその中の大切な要素を残しつつ，コンパクトに読みやすいものに柳さんが再構成した．かなり具体的に活用できるグループ活動のテキストになっている．
　谷中さんは，経験の浅いグループワーカーが，勇気を持ってグループ活動が担当できるための指南書をまとめた．
　私は，自分に自信のない人にも，メンバーとの共同作業の中で揉まれて，無我夢中に活動する中で，何か見えてくるものがあるのだとメッセージをこめたつもりである．

　やどかりの里の活動の初期から中期にかけての実践を今につなげるための本書の出版が実現することになったのは，やどかり出版顧問の西村恭彦さんの辛抱強い働きかけによるものである．私のソーシャルワーカーとしての師匠は共著者の2人であるが，出版活動の師匠である西村さんとも，この本を通して共同作業をさせていただいた．西村さんが私の拙い実践録を，そのありのままで活字にしようという思いをずっと忘れずにいてくださったからこそ，この本の中に私の記録が収録されたのである．
　この本が，これからグループ活動に携わってみたいと思っている方々，作業所やさまざまな現場の中でグループのダイナミクスを大切にして活動していきたいと考えている方たちに，少しでもお役に立てばと願って，この本を送り出したいと思う．

著者略歴

柳（旧姓田口）義子　＜やなぎ（旧姓たぐち）よしこ＞
1944（昭和19）年東京都生まれ．1967（昭和42）年早稲田大学第一文学部哲学科心理学専攻卒業．国立精神衛生研究所（現　国立精神・神経センター精神保健研究所）研究生となる．1968（昭和43）年大宮厚生病院に心理職として勤務．1972（昭和47）年やどかりの里の職員となる．1974（昭和49）年日本女子大大学院家政学研究科児童学専攻修士課程修了．1982（昭和57）年新潟に活動の場を移す．1986（昭和61）年日本臨床心理士会認定資格取得．リハビリテーション科，リエゾン精神科，デイケアなどで臨床心理士として活動．1993（平成5）年新潟信愛病院デイケアに創立から関わる．2001（平成13）年同病院退職，やどかりの里やどかり塾に赴任．2002（平成14）年やどかり塾塾長

＜主な論文＞
私が求めてきたもの「やどかりの里のかかわりの中から」；臨床心理学研究，日本臨床心理学会編，1980年．
社会的自立への課題と具体的援助；精神障害と社会復帰，やどかり出版，1988年
ロールシャッハ・テストにおける繰り返し反応の検討；ロールシャッハ研究XVII，金子書房，1975年．
ロールシャッハ・テストによる都市型児童の経年的研究；ロールシャッハ研究XXVII，金子書房，1985年
ロールシャッハ・テストによる都市型児童の経年的研究その2；ロールシャッハ研究Vol. 30，金子書房，1988年．

＜主な著書＞
生きている仲間上巻，中巻，下巻，やどかり出版，1979年．
精神障害者福祉(共著)，相川書房，1982年．

茶の間のおばさん，やどかり出版，1994年.
臨床・コミュニティ心理学（共著），ミネルヴァ書房，1995年.
＜所属学会その他＞
日本心理臨床学会，日本臨床心理士会，新潟心理査定研究会，新潟精神療法研修会

増田一世＜ますだかずよ＞
1955（昭和30）年東京都生まれ．1978（昭和53）年明治学院大学社会学部社会福祉学科卒業．精神医学ソーシャルワーカーを目指し，やどかりの里の研修生となり，精神障害者のグループ活動に従事する．精神障害者への援助活動の傍ら，出版事業を行う．1979（昭和54）年やどかりの里職員．1985（昭和60）年やどかりの里理事．1989（平成元）年やどかり出版代表．1997（平成9）年精神障害者福祉工場「やどかり情報館を」開設し，やどかり情報館館長．2001（平成13）年やどかりの里常務理事．2002（平成14）年日本健康福祉政策学会理事．精神障害者とともに働きながら，地域づくり，人づくりに注目した事業展開を目指している．
＜主な論文等＞
調査　精神障害者の就労をめぐって　やどかりの里における就労支援を考える（1）（2）響き合う街でNo.2～No.3
連載　やどかり情報館奮戦記・1～7　響き合う街で
編集長から　響き合う街でNo.13～（掲載中）
職員主導からともに作り上げる交流へ（特集　メンバーが主体的に取り組み始めた国際交流），響き合う街でNo.13
響き合う人づくりをめざす（特集　社会福祉における人材養成の課題），社会福祉研究第77号
ルポ　「働きたい」その願いを実現するために　響き合う街でNo.11
新しい支援の枠組みとコンシューマーのイニシアティブ（特集　や

どかりの里設立30周年記念国際セミナー）響き合う街でNo.14

研究　実践活動から政策提言へ・1　やどかりの里30年の活動，響き合う街でNo.15

研究　実践活動から政策提言へ・3　活動の全体像と今後の展望，響き合う街でNo.15

コンシューマーズイニシアティブー当事者の主体的参画運動の可能性（特集 21世紀精神科看護へのキーワード），精神科看護100号

特集　やどかりの里30周年記念全国縦断キャラバン　響き合う街でNo.17

　　なぜ私たちはキャラバンをスタートさせたか

　　ともに創り合う「やどかりの里」を目指す

やどかりの里はどう生きようとしているのかー2つの状態調査の取り組みを通して，響き合う街でNo.18

特集　第7回地域精神保健・福祉研究会　生活支援活動の概念の転換，響き合う街でNo.19

　　第7回地域精神保健・福祉研究会開催に向けて

　　やどかり情報館の開設の過程と活動理念

　　「人間の社会生活を構成する3つの要素」という仮説

　　やどかり情報館を通して「働く」ことの意味を探る

　　第7回地域精神保健・福祉研究会を振り返って

住民が自らの思いや願いを実現できる社会を目指して，響き合う街でNo.21

青年期の生きにくさ（特集　精神障害の人にとっての「生きにくさ」とは何か），精神障害とリハビリテーション第11号

住民と自治体の顔の見える関係づくり　上尾市の精神保健福祉活動から学ぶ　響き合う街でNo.23（掲載予定）

＜主な著書＞
春はまだ来ないけど(共著)やどかり出版　1990年
地域看護学講座4 グループ・組織化活動(共著)医学書院　1994年
インターフェースの地域ケア(共著)　やどかり出版　1995年
健康福祉の活動モデル(共著)　医学書院　1999年
職員主導からともに創り合うやどかりの里への転換(共著)　2000年

谷中輝雄＜やなかてるお＞
1939（昭和14）年東京都生まれ．1969（昭和44）年明治学院大学社会学部社会福祉学科修士課程修了．大宮厚生病院にソーシャルワーカーとして勤務．1970（昭和45）年やどかりの里創設．1980（昭和55）やどかりの里理事長．1997（平成9）年仙台白百合女子大学教授．2000（平成12）年北海道医療大学大学院教授．2002（平成14）年やどかりの里会長．

＜主な編著書＞
精神衛生実践シリーズ
　8．流れゆく苦悩（共編著）やどかり出版，1984年．
　9．失われたものを追い求めずに（編）やどかり出版，1988年．
　12．旅立ち　障害を友として（編）やどかり出版，1993年
谷中輝雄論稿集　I　生活　II　かかわり　III　社会復帰，やどかり出版，1993年．
生活支援　やどかり出版，1996年．
精神障害者の生活の質の向上を目指して（編著）やどかり出版，2000年．

グループ活動入門
グループ活動の理論と実践
あなたにもできるグループづくり

2002年9月10日発行

著者　谷中　輝雄・柳　義子・増田　一世
発行所　やどかり出版　代表　増田　一世
　　　　〒330－0814　さいたま市染谷1177－4
　　　　TEL 048－680－1891　FAX 048－680－1894
　　　　E－Mail　johokan@yadokarinosato.org
　　　　http://village.infoweb.ne.jp/~johokan/
印刷所　やどかり印刷